MEDITAÇÃO

As Melhores Técnicas De Meditação Para Reduzir
Estresse E Raiva

(Técnicas De Relaxamento E Meditação Zen)

Idzi Nowak

Traduzido por Daniel Heath

Idzi Nowak

Meditação: As Melhores Técnicas De Meditação Para Reduzir Estresse E Raiva (Técnicas De Relaxamento E Meditação Zen)

ISBN 978-1-989837-54-2

Termos e Condições

De modo nenhum é permitido reproduzir, duplicar ou até mesmo transmitir qualquer parte deste documento em meios eletrônicos ou impressos. A gravação desta publicação é estritamente proibida e qualquer armazenamento deste documento não é permitido, a menos que haja permissão por escrito do editor. Todos os direitos são reservados.

As informações fornecidas neste documento são declaradas verdadeiras e consistentes, na medida em que qualquer responsabilidade, em termos de desatenção ou de outra forma, por qualquer uso ou abuso de quaisquer políticas, processos ou instruções contidas, é de responsabilidade exclusiva e pessoal do leitor destinatário. Sob nenhuma circunstância qualquer, responsabilidade legal ou culpa será imposta ao editor por qualquer reparação, dano ou perda monetária devida às informações aqui contidas, direta ou indiretamente. Os respectivos autores são proprietários de todos os direitos autorais não detidos pelo editor.

Aviso Legal:

Este livro é protegido por direitos autorais. Ele é designado exclusivamente para uso pessoal. Você não pode alterar, distribuir, vender, usar, citar ou parafrasear qualquer parte ou o conteúdo deste ebook sem o consentimento do autor ou proprietário dos direitos autorais. Ações legais poderão ser tomadas caso isso seja violado.

Termos de Responsabilidade:

Observe também que as informações contidas neste documento são apenas para fins educacionais e de entretenimento. Todo esforço foi feito para fornecer informações completas precisas, atualizadas e confiáveis. Nenhuma garantia de qualquer tipo é expressa ou mesmo implícita. Os leitores reconhecem que o autor não está envolvido na prestação de aconselhamento jurídico, financeiro, médico ou profissional.

Ao ler este documento, o leitor concorda que sob nenhuma circunstância somos responsáveis por quaisquer perdas, diretas ou indiretas, que venham a ocorrer como resultado do uso de informações contidas neste documento, incluindo, mas não limitado a, erros, omissões, ou imprecisões.

Índice

Parte 1 1

Introdução 2

Capítulo 1- O Que É Meditação? A História Da Meditação .. 4

POR QUE SE DEVE MEDITAR? 5
A HISTÓRIA DA MEDITAÇÃO 7
QUEM DEVERIA MEDITAR? 9

Capítulo 2-Benefícios Da Meditação 16

Capítulo 3- Efeitos Da Meditação No Corpo 31

Capítulo 4 –Meditação E Espiritualidade 44

Capítulo 5: Por Que As Pessoas Desistem De Meditr E Como Tornar A Meditação Um Hábito 49

PRECISO DA SUA AJUDA 66

Capítulo 6 – Tipos De Técnicas De Meditação 67

Capítulo 7 –Como Preparar O Ambiente Para Meditação . 79

Capítulo 8- Exercícios De Meditação, Passo A Passo 93

Capítulo 9- Precauções E Dicas De Meditação 104

Capítulo 10- Mais Que Meditação 113

Parte 2 117

Introdução 118

A Ligação Entre Stress, Ansiedade, Meditação E O Cérebro 119

Como É Que O Stress E A Ansiedade Afectam O Cérebro? 121

EFEITOS DA MEDITAÇÃO NO CÉREBRO 122

Noções Básicas De Meditação Eficaz 124

1. Escolha Um Ambiente Tranquilo E Confortável............ 124
2. Escolha A Altura Certa 124
3. Vista-Se Adequadamente 125
4. Não Esteja Muito Cheio 125
5. Escolha A Postura Conveniente 125
6. Aprenda A Concentrar-Se Na Sua Respiração 126
7. Experimente Técnicas Diferentes 126

Meditação Mindfulness.. 127

Banho Mindful... 130

Alimentação Mindful... 131

Faça Caminhadas Mindful 132

Meditação Metta... 134

Técnicas De Relaxamento... 135

Relaxamento Autogéneo.. 136

Relaxamento Muscular Progressivo............................... 136

Imaginário Visual.. 137

Conclusão 139

Parte 1

Introdução

No mundo de hoje, nossas vidas estão cheias de uma lista interminável de coisas para serem priorizadas. Saúde, trabalho, dinheiro, filhos, relacionamentos e a lista continua, para não mencionar as notificações sempre incômodas do nosso melhor amigo tecnológico, o celular. Entre isso e as tensões da vida, em geral, pode ser extremamente difícil encontrar a habilidade de relaxar.

É aqui que entra a meditação. Por acaso estou vivendo com todas essas tensões, assim como você. Por anos, lutei para conviver com isso, tentando coisas diferentes aqui e ali sem muito sucesso, até que um dia um amigo meu me recomendou que eu tentasse meditar. No começo, eu estava um pouco cético, mas meu amigo me convenceu de que com apenas alguns minutos por dia eu veria melhorias dramáticas no meu humor e felicidade. Então, decidi dar uma chance e fiquei impressionado com os resultados.

Estou escrevendo este livro porque a meditação mudou minha vida e espero poder compartilhar esse presente com o máximo de pessoas que puder. O meu objetivo é fornecer métodos fáceis de compreender e que o levem a um caminho mais rápido em direção ao relaxamento, à felicidade e à paz interior.

Capítulo 1- O que é meditação? A história da meditação

É difícil acreditar que tantas pessoas ainda pensem que meditação é uma forma de oração ou adoração a alguma entidade. Entretanto, isso não é verdade. Meditação não é, de jeito algum, uma prática religiosa, nem tem alguma entidade exceto a pessoa praticando a meditação.
Também é importante entender que a meditação é diferente da hipnose e, ao praticar meditação, você não está se hipnotizando. Você não entrará em transe profundo e não estará sem consciência do que está fazendo. Outro erro comum é que você só pode meditar durante certas horas do dia, olhando para certas direções, que são completamente não verdadeiras. Finalmente, muitas pessoas ensinam que meditação é sobre controlar seus pensamentos ou se concentrar em um pensamento específico o tempo todo que você está meditando. Aqueles que ensinam isso realmente não entendem o que é meditação.

A verdade é que, embora a meditação tenha se tornado muito popular, e muitas pessoas estejam tentando incorporá-la em suas vidas, elas na verdade não têm idéia do que realmente é a meditação.

Se você fizer uma pesquisa on-line, descobrirá que 50% dos sites lhe dirão que meditação é sobre concentração e os outros 50% dirão que a concentração não tem nada a ver com meditação. Quem está falando a verdade?

A verdade é que a meditação não deve exigir nenhum esforço mental. Na verdade, você não deve se concentrar em nada quando estiver meditando, mas sim permitir que sua mente e pensamentos fluam livremente.

Você vai descobrir que quanto mais você medita, mais você é capaz de se concentrar no seu dia-a-dia. No entanto, a meditação deve ser o oposto da concentração.

Por que se deve meditar?

Pesquisas mostram que a meditação é uma das melhores maneiras de reduzir o estresse na vida de alguém. O estresse e os efeitos do estresse têm sido estudados nos Estados Unidos por mais de 70 anos. Esses estudos levaram ao desenvolvimento de centenas de diferentes técnicas para ajudar as pessoas a lidar com o estresse; No entanto, pesquisas mostram que nenhuma dessas novas técnicas funciona nem pela metade tão bem quanto a meditação.

A meditação está em uso há milhares de anos e foi desenvolvida e aperfeiçoada geração após geração, conforme foi transmitida através de famílias.

Um estudo mostrou que aqueles que começaram a meditar estavam visitando o médico com menos frequência depois de apenas seis meses praticando meditação, e economizando uma média de 200 dólares em contas médicas. Outro estudo mostrou que aqueles que meditavam exigiam muito menos cuidados médicos do que aqueles que não participavam da meditação.

Está se tornando aparente que a redução do estresse, bem como o foco na saúde mental, tem muito a ver com a saúde física de uma pessoa, o que significa que a meditação pode reduzir os custos com a saúde.

Naturalmente, aqueles que estão sob muito estresse em suas vidas se beneficiarão da meditação porque verão uma redução do estresse em suas vidas. Veremos mais benefícios mais adiante neste livro, mas é importante entender que a meditação pode melhorar todas as áreas da sua vida.

A meditação deve ser sem esforço. Não deve ser uma tarefa que você tem que completar todos os dias, mas você vai querer agendar um horário para isso todos os dias, especialmente depois de começar a ver os resultados em sua vida.

A história da meditação

A meditação tem uma longa história e pode ser datada de pelo menos 5.000 anos. Acredita-se que a meditação tenha sido usada pela primeira vez por caçadores e coletores, o que significa que a meditação remonta a antes que a sociedade civilizada existisse.

Quando os caçadores e coletores começaram a ver como a meditação poderia beneficiá-los, começaram a ensinar a prática através das gerações.

Por fim, o budismo adotou a prática da meditação e acreditou que ela fazia parte da fórmula básica que os levaria à salvação. A verdade é que muitas religiões diferentes aprenderam alguma forma de meditação e a têm usado em suas práticas, até hoje, e é por isso que muitas pessoas pensam erroneamente que a meditação é uma forma de crença religiosa.

Embora você possa usar a meditação para aprofundar sua compreensão de qualquer religião em particular, a meditação não é algo que qualquer religião pode reivindicar, embora os budistas tenham tentado.

Foi por volta de 20 aC antes que a meditação fosse considerada por outras religiões como uma forma de exercício espiritual, e no século 3, foi introduzida aos cristãos. No entanto, havia muito poucos seguidores cristãos da prática.

O judaísmo, no entanto, aceitou a meditação como parte de sua tradição transmitida pelos fundadores da religião. Em Gênesis 24:63 a Torá afirma que Isaac desceu aos campos para meditar.

A meditação foi trazida para o Ocidente através do estudo do budismo. A diferença na maneira como pensamos sobre a meditação hoje e a maneira como os budistas antigos pensavam sobre a meditação é que, em vez de pensar no budismo como algum tipo de prática religiosa, pensamos nisso como uma maneira de reduzir o estresse em nossas vidas.

Entendemos que nosso corpo reage à meditação de uma maneira específica, o que ajuda a relaxar. Embora isso não nos ajude a nos tornar mais espirituais do que somos, pode nos ajudar a ficar mais relaxados, o que pode nos ajudar a obter a vida que desejamos sem nos deixarmos sobrecarregar.

Quem deveria meditar?

A meditação deve fazer parte da vida de todos, e eles devem praticá-la todos os dias. Agora, em geral, não recomendo nada para todos. No entanto, acredito que qualquer pessoa que pratique meditação verá benefícios, e não é algo que essa pessoa vá se arrepender em qualquer momento de sua vida.

Toda pessoa com quem eu já falei e que medita diariamente fala sobre como a vida deles está indo bem; Eles são pessoas felizes e produtivas que não se tornam facilmente estressadas e não precisam se preocupar em ser vítimas de depressão.

Há também aquelas pessoas que já praticaram meditação e, quando você fala com elas sobre isso, elas lhe dirão que precisam voltar à prática. Na maioria das vezes, essas pessoas estão passando por dificuldades na vida. Mas, quando você pergunta sobre a vida deles quando eles estavam meditando regularmente, eles vão te dizer como as coisas estavam indo bem para eles, quão pouco estresse eles tinham em suas vidas e como tudo na vida deles parecia funcionar como um máquina bem regulada.

Claro, existem pessoas que leram livros como este; eles assistiram aos vídeos e entenderam os benefícios da meditação. No entanto, eles continuam a adiar, porque simplesmente não têm tempo.

Se você é uma dessas pessoas, lutando para encontrar tempo para meditar, eu encorajo você a reservar um tempo agora, em sua programação diária, para que você possa meditar todos os dias por pelo menos 10 minutos. A verdade é que todos nós temos 10 minutos que podemos dedicar todos os dias à meditação e, ao fazê-lo, você descobrirá que está realmente aproveitando melhor o seu tempo todos os dias.

Finalmente, há aqueles que temem que não estejam praticando a meditação corretamente, que cometerão algum tipo de erro ou que não compreenderão completamente o processo.

Para essas pessoas, eu digo, pare de se preocupar com algo que simplesmente não pode acontecer. Veja bem, você não pode meditar errado. Veja bem, você não tem que sentar no chão e cantar para meditar. Você não precisa ouvir a meditação guiada ou seguir o que outra pessoa pensa que a meditação deveria ser. Em vez disso, a meditação é, e deve ser, o que você precisa fazer para alcançar um estado de felicidade. Deve ser uma atividade que permita que você esteja perfeitamente bem no momento; sua mente não está se concentrando no que precisa ser feito, ou em outras tensões em sua vida, mas em vez disso, você acha que nada realmente importa, mesmo que seja apenas por alguns momentos.

Talvez você, como eu, tenha momentos em que descobre que está simplesmente olhando para o espaço. Você não está olhando para o nada, na verdade, quando isso acontece, você realmente não vê nada, mas sente como se estivesse quase ausente deste mundo. Este estado é uma forma de meditação.

Vamos discutir outras formas de meditação, bem como exercícios que você pode fazer para alcançar um estado meditativo mais adiante neste livro, mas se você olhar para o exemplo acima, bem como a definição de um estado meditativo, as chances são, você já está praticando inconscientemente alguma forma de meditação.

Entretanto, é importante que você pratique a meditação conscientemente, deixando o tempo de lado a cada dia para permitir que sua mente se concentre em nada.

Quando você pratica meditação consciente, você não vai ignorar seus pensamentos e sentimentos quando eles entram em sua mente; você reconhecerá que eles existem, mas você não se concentrará neles.

Este tipo de meditação é para relaxamento induzido e é usado para encorajar um estado mental positivo, bem como um estado mental equilibrado e saudável.

Quando a meditação consciente é usada, a frequência cardíaca diminui, a ansiedade é reduzida e padrões de pensamento positivos começam a emergir.

Pensamento positivo e meditação trabalham lado a lado. De fato, muitas pessoas entram em meditação porque encontraram a Lei da Atração ou alguma outra crença ou prática de pensamento positivo que provou ser útil em suas vidas. Existem muitos ingredientes que compõem uma vida bem sucedida e meditação é um deles. Você descobrirá que, enquanto estiver estudando a meditação, pode haver muitas opiniões conflitantes e também descobrirá que existem muitas formas de meditação. No entanto, tenho praticado meditação por muitos anos, e vou passar por todas as técnicas que eu pessoalmente uso, assim como várias outras técnicas neste livro.

Não existe uma técnica única para todos quando se trata de meditação. No entanto, você pode ajustar as técnicas para se adequar ao seu estilo de vida. Por exemplo, pratico muita meditação guiada. Eu não tenho muito tempo no meu dia, então, quando vou ao meu dia, eu uso fones de ouvido que me permitem meditar. Algumas pessoas ouvem essas meditações guiadas enquanto dormem, no entanto, se você sofre de um distúrbio do sono, como a paralisia do sono, isso pode não funcionar para você.

Algumas pessoas que têm distúrbios do sono ouvem tranquilamente isso enquanto dormem, enquanto outras podem ter problemas ou medos mais intensos, pois não conseguem ouvir o que está acontecendo ao seu redor.

Eu só lhe digo isso para mostrar como a meditação difere para pessoas diferentes. Você tem que lembrar que enquanto um tipo de meditação pode funcionar para uma pessoa, ela simplesmente pode não funcionar para você, então não desista se você achar que uma das técnicas deste livro não funciona para você.

Capítulo 2-Benefícios da meditação

Sentar-se e pensar nos benefícios da meditação geralmente leva muitas pessoas a pensar nos benefícios físicos; o que a meditação faz ao corpo. No entanto, acho importante ir além disso. Naturalmente, abordaremos os benefícios físicos da meditação mais adiante neste livro, mas quero focar em como a meditação pode mudar sua vida.

A primeira coisa que a meditação pode ajudá-lo é realmente entender quem você é. Todos nós começamos a vida como filhos de alguém, podemos nos tornar marido ou mulher de alguém e até mesmo o pai de alguém, mas muitas vezes as pessoas se perguntam quem realmente são.

Houve um tempo em que identifiquei mais com uma máquina do que como uma pessoa real. Tenho certeza de que outras pessoas estiveram lá, cuidando de seus afazeres, um dia exatamente como todos os outros, sentindo como se não tivéssemos outra finalidade além de pagar contas e cuidar das necessidades de outras pessoas.

Esse sentimento muitas vezes nos leva a nos perdermos na vida e a não saber quem somos além dos papéis que desempenhamos na vida. Você começará a perceber que seus papéis não o definem; eles são simplesmente papéis em sua vida, partes que você toca, mas você é muito mais que isso. Você vai descobrir quem você realmente é.

A meditação também gera confiança. O triste fato da vida é que, à medida que todos crescemos de crianças para adultos, enfrentamos algum trauma emocional. Mesmo que tenhamos tido uma educação muito estável, é impossível para qualquer um de nós evitar esse trauma emocional, porque ele não precisa vir de casa. Pense em como as crianças se comportam na escola ou como as pessoas se comportam enquanto estão no trabalho.

Eventos como esse podem pesar muito em nós e em nossas mentes com freqüência, levando-nos a colocar o que é conhecido como paredes emocionais para nos proteger de qualquer dor emocional adicional.

Esses eventos podem até mudar a personalidade de uma pessoa, fazendo com que ela seja agressiva e possa causar baixa autoconfiança ou auto-estima. A falta de confiança é um mecanismo de defesa que ajuda a garantir que você não está chamando a atenção para si mesmo, o que significa que você se sente mais seguro porque tem menor probabilidade de ser criticado por aqueles que o cercam.

Quando você começar a meditar, você o fará por razões específicas, por exemplo, meditará pela confiança. A meditação vai levar você a se sentir extremamente relaxado. Este é um relaxamento que você provavelmente nunca sentiu antes.

Você começará a se sentir em paz e não se concentrará nos problemas que você tem em sua vida, mesmo que seja apenas pelo pouco tempo que você está meditando. O que você encontrará ao continuar com esta meditação é que começará a passar por essas paredes e a encontrar um estado de espírito tranquilo e despreocupado.

Você pode não sentir que esse estado de espírito existe em você agora, mas posso prometer que sim, existe. Quando você chegar a este lugar em suas meditações, você começará a ver as coisas de uma perspectiva diferente. Você começará a entender a dor que passou; você encontrará o perdão e começará a entender quão pequenos são os seus problemas quando você olha para a vastidão do universo.

Eventualmente, o que você vai encontrar é que você realmente não se importará com o que as pessoas pensam de você por mais tempo porque você vai amar a si mesmo exatamente como você é.

A meditação também provou melhorar o humor de uma pessoa. Podemos ficar estressados e nem mesmo saber o motivo dessa ansiedade. Nossas vidas estão cheias de estresse, e muitas vezes achamos que é esmagador. Ele pode nos derrotar até sentirmos que não há mais nada para fazermos. Nós tentamos reagir, mas parece que mais preocupações simplesmente se acumulam.

Nenhum de nós está imune ao estresse, e se você não tem que lidar com isso regularmente, então você está vivendo uma vida diferente da de qualquer outra pessoa. Meditação, no entanto, pode ajudá-lo quando se trata de lidar com o estresse em sua vida, bem como ajudar a melhorar o seu humor, garantindo que essa tensão não o leve para baixo.

Um estudo de oito semanas mostrou que aqueles que praticavam meditação enquanto freqüentavam a escola de medicina tiveram uma redução da ansiedade, sofreram menos de depressão do que aqueles que não participaram da meditação e eram mais empáticos com aqueles que os cercavam.

Outros estudos que foram realizados mostraram que aqueles que participaram relataram que tinham uma qualidade de vida maior do que antes de começarem a meditar, melhoraram o humor, sofreram menos resfriados e tiveram menos estresse em suas vidas.

A verdade é que esses estudos não estão provando nada de novo, eles estão simplesmente alcançando o que outras culturas já sabem há milhares de anos; a meditação é boa para a mente, corpo e alma.

A meditação permite que você esteja presente no momento. Em vez de sempre pensar e se preocupar com o que poderia acontecer ou com o que aconteceu no passado, a meditação permite que você tire esses pensamentos da cabeça e viva no agora.

A meditação também pode melhorar seu foco, concentração, produtividade e sua memória. Milhões de livros são vendidos a cada ano, com foco nesses tópicos. Todo mundo parece estar procurando uma maneira de se tornar mais produtivo, melhorar sua memória e sua concentração.

No mundo em que vivemos, não é de admirar que as pessoas tenham dificuldade em se concentrar. Há tanta coisa acontecendo ao nosso redor que muitas vezes pode parecer que nossa cabeça está girando enquanto estamos apenas tentando acompanhar.

Um estudo mostrou que a meditação não apenas ajuda a melhorar o humor geral das pessoas, mas também ajuda a lembrar de mais detalhes quando estão no trabalho e na vida em geral. Aqueles que participaram da meditação relataram sentir-se mais enérgicos e que seu foco aumentou substancialmente.

Dos que participaram do estudo, aqueles que praticaram a meditação foram capazes de superar aqueles que não praticaram meditação após apenas oito semanas. Este estudo exigiu que os participantes meditassem por duas horas por semana. No entanto, você não precisa meditar por duas horas a cada vez para ver esses resultados.

Realmente leva apenas cerca de 10 a 15 minutos por dia de meditação, se você quiser ver os mesmos resultados daqueles que participaram deste estudo.

Também foi descoberto que a meditação pode ajudar a melhorar seus relacionamentos também. Este benefício é porque a meditação reduz o estresse em sua vida. É amplamente entendido que quanto maior o estresse que uma pessoa tem em sua vida, menos bem sucedidos serãoseus relacionamentos.

O estresse pode afetar tudo, de amizades a famílias, a relacionamentos de namoro, no entanto, quando você aprende a lidar com o estresse adequadamente, usando a meditação, ele não se torna mais um fator em sua vida.

É claro que meditar não vai reduzir as coisas que você tem em sua vida que causam estresse. Você ainda terá prazos, você ainda terá que trabalhar para ganhar a vida e ainda terá que pagar as contas. No entanto, o que a meditação vai fazer é ajudá-lo a lidar com esses estressores de uma maneira diferente.

A meditação não vai fazer você esquecer que você tem coisas para lidar em sua vida, mas vai ajudá-lo a se concentrar no agora. Isso significa que, quando as contas vencerem, ou quando o prazo chegar ou quando qualquer problema com o qual você tiver de lidar aparecer, você já estará preparado para isso. Isso porque, ao praticar a meditação, você aprende a viver o momento e a fazer as coisas que queria fazer quando precisavam ser feitas.

A meditação vai permitir que você faça a ponte entre o que você pensa e o que você sente. Muitos estudos mostraram que a meditação é uma espécie de yoga para o cérebro. Isso ajuda a aumentar o poder do cérebro, o que ajudará você a preencher essa lacuna.

A maioria das pessoas segue seus sentimentos ou pensamentos. Aqueles que seguem seus sentimentos encontram-se frequentemente em situações que não são boas para eles, assim como relacionamentos que não são bons para eles.

Aqueles que seguem seus pensamentos nem sempre confiam nos que os rodeiam, eles se isolam e não permitem que nenhum relacionamento se desenvolva. Entretanto, quando você usa a meditação, descobrirá que não é mais um extremo ou outro. O que você vai descobrir é que você está bem equilibrado, o que significa que você estará escolhendo os relacionamentos certos com base em seus pensamentos e sentimentos.

Esse equilíbrio também garantirá que enquanto você estiver interagindo com outras pessoas, você não deixará suas emoções tomarem conta de você e reagir de forma exagerada, nem tampouco sair sem emoção.

Você será capaz de pensar em uma situação antes de reagir e será capaz de reagir adequadamente. Esse comportamento pode salvar muitos relacionamentos em seu futuro.

Entender com quem você está interagindo em qualquer relacionamento é muito importante. Quando você pratica meditação, você descobrirá que é mais capaz de entender as pessoas ao seu redor, sua empatia aumentará e você será capaz de se colocar no lugar delas.

Muitas vezes, olhamos para uma situação de apenas um ponto de vista, o nosso. Isso pode causar problemas em nossos relacionamentos, porque não estamos realmente tentando entender de onde a outra pessoa está vindo. É natural que todos os animais pensem em si mesmos. No entanto, não é natural que qualquer animal, humano ou não, pense apenas em si próprio o tempo todo. Quando isso acontece, os relacionamentos falham e as amizades terminam. Meditação pode garantir que você não estará cometendo esse erro.

Houve quase 50 estudos que provam que a meditação pode ajudar a reduzir a ansiedade, a depressão e até mesmo a dor geral. Realmente foram feitos mais de 19.000 desses estudos, mas muitos deles não foram bem controlados, e descobriu-se que muitos daqueles que se voluntariaram para fazer parte do grupo de estudo já acreditavam que a meditação ajudaria os transtornos mentais de uma forma ou de outra. Então, ficamos com os 50 estudos que foram bem controlados e bem conduzidos.

Muitas pessoas sofrem de depressão. Pode ser causada por genética, experiências passadas, sentir muita dor, começar um novo emprego, se casar, problemas financeiros ou outros eventos "normais" que ocorrem em nossas vidas.

A maioria das depressões acontece hoje com pessoas que precisam fazer mais do que acham que podem. Quando você luta para encontrar alguma felicidade em sua vida, quando sua vida não está equilibrada, a depressão pode se estabelecer rapidamente, especialmente se você é geneticamente predisposto a ela ou se sofreu de depressão no passado.

Em 1996, um estudo foi realizado em St. Louis pela Universidade de Washington, que mostrou que aqueles que sofriam de depressão tinham hipocampo subdesenvolvido. Esta é uma área do cérebro que é responsável pela perda de memória e também pela desorientação. No entanto, há boas notícias. Este estudo também mostrou que o subdesenvolvimento do hipocampo pode ser revertido, e não é feito por procedimentos médicos, mas com meditação.

Muitas pessoas que sofrem de depressão encontram-se contando com medicamentos controlados para viver seus dias. Estes medicamentos geralmente contêm serotonina e norepinefrina. O cérebro de uma pessoa que sofre de depressão não produz naturalmente suficiente desses produtos químicos. Naturalmente, muitas pessoas pensam que, uma vez que essas pílulas podem fornecer o que o cérebro precisa, tomar uma pílula não é um problema tão grande assim. O problema é que muitos desses medicamentos simplesmente não funcionam, outros fazem com que a pessoa se sinta como se fosse algum tipo de zumbi e muitos estudos provaram que um antidepressivo teve o mesmo efeito de um placebo.

A meditação, por outro lado, aumenta naturalmente a serotonina e a norepinefrina no cérebro, sem efeitos colaterais desagradáveis. Muitas vezes, a depressão pode ser causada porque a pessoa não se sente completa, não se sente bem o suficiente. A meditação ajuda a pessoa a se sentir completa, e isso nos ajuda a entender que somos bons o suficiente, que somos capazes de fazer as coisas que colocamos em nossas mentes.

Tantas pessoas estão gastando seu tempo buscando equilíbrio em suas vidas. Há muitos livros escritos sobre o assunto e a maioria desses livros menciona meditação. Não há como você realmente ter equilíbrio em sua vida se não praticar a meditação.

Cada célula do seu corpo quer equilíbrio, não apenas quando se trata de comida e água, mas também de equilíbrio total em todas as áreas da sua vida. Quando você encontra equilíbrio, suas células têm que lidar com menos estresse e, portanto, são capazes de funcionar adequadamente. O equilíbrio não é importante apenas para a sua felicidade na vida, mas também para a sua saúde.

Há literalmente centenas de maneiras que a meditação ajuda no seu dia a dia. Se você procura ser mais produtivo, viver uma vida equilibrada, aumentar sua felicidade e construir relacionamentos, a meditação é o certo para você.

A meditação também é ótima para construir caráter, aumentando a força de vontade, garantindo que você atinja seus objetivos, melhorando a função cerebral, aumentando sua capacidade de aprendizado, reduzindo a raiva e até aumentando a inteligência.

Os benefícios da meditação são infinitos e afetam todas as áreas da sua vida. Simplesmente meditando de 10 a 15 minutos por dia, você pode ver resultados dramáticos.

Capítulo 3- Efeitos da Meditação no Corpo

Há muitos benefícios diferentes de usar a meditação, e muitos deles têm a ver com o corpo. Nós conversamos um pouco no Capítulo anterior sobre como a meditação ajuda a melhorar a saúde mental, mas eu quero focar no resto do corpo neste Capítulo.

É minha esperança que, entre o Capítulo anterior e este Capítulo, você verá que existem muitos benefícios da meditação que, se você não está praticando regularmente, está realmente perdendo.

Já falei muito sobre como a meditação pode ajudar a reduzir o estresse em sua vida. No entanto, não entrei em detalhes sobre como isso pode afetar sua saúde geral, e sinto que esse é o efeito mais importante no corpo e deve ser discutido primeiro.

Muitas pessoas acreditam que estamos vivendo um surto de doenças hoje por causa da quantidade de estresse que as pessoas estão sob e elas podem estar certas. O estresse é como nossos corpos reagem às mudanças em nossas vidas. As mudanças podem ser positivas ou negativas e, no entanto, nosso corpo tende a reagir da mesma maneira. O estresse afeta o bem-estar mental de uma pessoa, bem como o corpo físico.

Pense na última vez em que você estava estressado demais. Eu não estou falando sobre o estresse normal do dia a dia; Estou falando de alcançar seu ponto de ruptura. Como seu corpo se sentiu? Talvez você tenha tido uma dor de cabeça severa, ou sua visão ficou embaçada, talvez sua frequência cardíaca tenha aumentado drasticamente, ou você tenha explodido em urticária.

Cada pessoa que você conhece tem uma maneira diferente de reagir ao estresse. Algumas pessoas seguram tudo isso, o que muitas vezes leva a reações físicas, como urticária, enquanto outras não têm problema em soltar tudo, mesmo que isso se manifeste como raiva.

Quando muitas pessoas pensam sobre o estresse, elas tendem a se concentrar nas coisas grandes, como mortes ou relacionamentos fracassados, mas o estresse é, na verdade, qualquer coisa que faça com que sua mente ou corpo tenha que se ajustar. Você vê, calor ou frio pode ser considerado estresse. Uma nova tarefa de trabalho pode causar estresse, fazendo alterações em casa pode causar estresse. Não precisa ser algo enorme para causar estresse em sua vida.

O estresse pode ter efeitos positivos em nossas vidas. Isso pode nos levar a ficar mais atentos às coisas que estão ao nosso redor, e isso pode nos ajudar a nos tornar mais motivados.

Por exemplo, se sabemos que não conseguiremos pagar nossas contas, o estresse pode nos levar a trabalhar mais para ganhar dinheiro, e se sentirmos que estamos em perigo, o estresse pode nos fazer prestar mais atenção e manter-nos alerta.

O estresse também pode ter efeitos negativos, e esses são os que eu quero focar por um tempo agora. Alguns dos efeitos colaterais negativos do estresse são dores de cabeça, náuseas, pressão alta, problemas para dormir e dores no peito.

Os efeitos colaterais causados pela pressão alta podem levar a muitos outros problemas de saúde relacionados, sendo que os mais preocupantes são as doenças cardíacas. O estresse também pode levar as pessoas a usar álcool, tabaco e até drogas ilegais como meio de lidar com isso.

A maior questão é que, em vez de o corpo reagir de forma positiva ao estresse ou permitir que o corpo relaxe, ele fica mais tenso, causando mais estresse, o que pode levar a mais problemas ou ao desenvolvimento de doenças.

É importante notar que uma pequena quantidade de estresse aqui e ali em sua vida está perfeitamente bem. O problema surge quando uma pessoa sofre de estresse crônico. Esta condição significa basicamente que a pessoa tem uma grande quantidade de estresse e que dura por um longo período de tempo. É quando o estresse começa a causar problemas de saúde.

Estresse crônico pode literalmente matar. Pelo menos 75% das consultas médicas são devidas a algum problema de saúde relacionado ao estresse. Acalmando a mente através da meditação, você será capaz de reduzir os efeitos do estresse, e você será capaz de lidar melhor com situações estressantes do que antes. Você também vai descobrir que quando está em uma situação estressante, uma que normalmente lhe causaria uma grande quantidade de estresse, não causará a você quase nenhum estresse depois de meditar por algumas semanas.

A American Heart Association divulgou um estudo que mostrou que aqueles que participaram da meditação regularmente e sofreram de doenças cardíacas tiveram uma redução na espessura de suas artérias. O que isto significa é que através da meditação, você pode literalmente reverter as doenças cardíacas e reduzir suas chances de sofrer um ataque cardíaco.

Há um tipo de meditação, sobre a qual falaremos mais adiante neste livro, chamado relaxamento muscular progressivo, que é freqüentemente usado no início de uma sessão de meditação e ajuda a relaxar todos os músculos do corpo sistematicamente.

Outro benefício da meditação é que você será capaz de impulsionar seu sistema imunológico. O estresse faz com que nosso sistema imunológico enfraqueça. Quando usamos a meditação para reduzir o estresse em nossas vidas, naturalmente impulsionamos nosso sistema imunológico, o que significa que ficamos doentes com menos frequência. Porque as doenças podem causar estresse, isso é muito importante. Assim, a meditação criará um ciclo, no qual você estará reduzindo seu estresse, aumentando assim a eficácia do seu sistema imunológico, fazendo com que você fique doente com menos frequência, o que, por sua vez, reduzirá o estresse que você tem em sua vida.

A meditação fará à sua mente o que o exercício faz pelo corpo, o que significa que tornará sua mente mais forte e mais flexível.

Está provado que a meditação muda a maneira como o cérebro funciona, afetando o modo como não apenas a mente, mas também o corpo reage a estímulos diferentes. Também foi demonstrado que a meditação realmente afeta o modo como o cérebro é formado, o que significa que ele vai afinar algumas áreas do cérebro que são muito espessas, assim como engrossar partes do cérebro que são muito finas.

Muitas pessoas estão tendo dificuldades para encontrar a energia de que necessitam. Eles descobrem que, logo depois de acordarem todas as manhãs, estão drenados e não têm ideia de como vão passar o dia.

Esse sentimento não é algo incomum, e quando você vê isso acontecendo com alguém que você conhece, pode ser doloroso. Também é muito triste que muitas pessoas sintam que têm que esconder essa luta e que isso pode levar à depressão, porque a pessoa assume que há algo errado com elas por não ter a energia de que necessitam.

Você não pode se forçar a ter energia e muitas pessoas recorrem a bebidas com cafeína para fazê-lo, mas isso faz com que elas se sintam mais cansadas quando o efeito das bebidas passam. Eles não dormem uma noite tranquila, o que os leva a se sentirem exaustos na manhã seguinte, e o ciclo continua.

Não administrar seu estresse é uma das maiores razões pelas quais você fica sem energia. Sentir-se cansado depois de ter passado um longo dia no trabalho não é novidade, e é completamente normal; é como o seu corpo deve reagir ao trabalho. No entanto, o esgotamento que a maioria das pessoas sofre hoje não é causado pelo trabalho de seus corpos até esse ponto.

Quando você está lidando com esse tipo de exaustão, você tem que olhar o que você está permitindo que te estresse em sua vida. Você vê, muitos dos problemas que enfrentamos que nos causam uma grande quantidade de estresse são auto-criados. A meditação ajudará você a identificar esses problemas criados por você mesmo e ajudará a neutralizar o estresse com o qual você lida no dia a dia, garantindo que ele não elimine sua energia.

A meditação é diferente das bebidas que aumentam a energia porque ela não se desgasta, deixando você totalmente exausto, mas muda a maneira como o seu corpo funciona, da mesma forma que o exercício, proporcionando energia sustentada por um longo período de tempo. .

Se você quer ter a energia que precisa diariamente, você precisa obter a quantidade adequada de sono a cada noite. A questão é que muitas pessoas estão tentando aliviar o estresse em suas vidas dormindo menos para fazer mais. Mesmo quando eles tentam dormir em uma hora decente, contanto que uma pessoa esteja estressada e sinta que eles deveriam estar fazendo mais, eles não serão capazes de obter a quantidade certa de sono a cada noite.

Mesmo que você não consiga dormir oito horas por noite, se você dormisse relaxado e não se preocupasse com as coisas que precisa fazer, seria capaz de ter uma boa noite de sono. Já sabemos que podemos reduzir nosso estresse com a meditação e que a meditação ajuda a reduzir a quantidade de tempo que passamos nos preocupando. Além disso, a meditação antes de dormir pode ajudar o corpo a produzir melatonina naturalmente, o que todos nós sabemos que nos ajuda a dormir mais tranquilamente. Este fato significa que, graças à meditação, poderemos experimentar um sono mais tranqüilo e descansar melhor. Fazer isso significa que você vai acordar revigorado e pronto para enfrentar o seu dia, em vez de exausto e oprimido.

O último benefício de saúde que eu quero falar neste capítulo é a perda de peso. Muitas pessoas que estão com sobrepeso, sofrem de comer emocional. Enquanto dieta e exercício vão ajudar você a perder peso, você pode achar que você ainda está tendo dificuldade em eliminar o excesso de peso. O que você pode achar benéfico para sua rotina de exercícios e alimentação saudável é a meditação.

A maioria das pessoas engorda quando passa por algo traumático em suas vidas, ou quando está sob muita pressão. Eles permitem que seus humores os controlem, em vez de aprenderem a estar no controle de si mesmos. Meditação vai ajudar a garantir que você está tomando o controle de sua vida, e você está ciente dos pensamentos que você está tendo, bem como suas ações.

Esse despertar significa que, em vez de comer o dia todo ou pastar sem pensar, sem estar realmente consciente do que você está fazendo; você se tornará consciente das ações que você está tomando. Não só você vai se tornar mais consciente de suas ações, mas você também vai conscientemente perceber por que você está se comportando dessa maneira, por que você está comendo demais e quais problemas precisam ser tratados.

Claro, isso vai reduzir a quantidade de comida que você está comendo, o número de calorias que você está consumindo a cada dia, porque quando você se torna consciente do que está fazendo, você começará a agir para pará-lo.

A meditação vai ensiná-lo a ser uma testemunha das coisas que estão acontecendo em sua vida, assim como o mundo ao seu redor, mas também vai ensinar a você como não julgar a situação ou as pessoas na situação. . Isso inclui não se julgar.

Isso vai permitir que você vá além das coisas que aconteceram no passado e ajudará a reduzir a quantidade de compulsão emocional em que você está participando.

Houve um tempo em que havia um estigma sobre a meditação; foi pensado para ser algo que não era benéfico, mas era para pessoas estranhas do tipo new age. Hoje, muitas pessoas estão começando a entender como a meditação pode ajudá-las em suas vidas, principalmente porque o estigma já passou. No entanto, ainda existem aqueles que estão olhando para você de lado quando você fala sobre meditação, mas você não deve deixar que isso chegue até você.

A meditação pode literalmente afetar todas as áreas da sua vida. Pode afetar a maneira como você trabalha, a maneira como você vê as pessoas com quem você interage diariamente, a maneira como você se vê, seus níveis de produtividade, seu peso e sua saúde.

Além disso, a meditação pode ajudá-lo quando se trata de sua vida espiritual, e é o que quero falar no próximo Capítulo.

Capítulo 4 – Meditação e Espiritualidade

Nós, como seres humanos, somos corpo, mente e espírito. Muitas pessoas se concentram em apenas uma área de si mesmas quando se trata de tentar encontrar a felicidade em suas vidas. A maioria das pessoas se concentrará em seu eu físico, esperando que todo o resto se encaixe, mas você nunca será capaz de encontrar a verdadeira felicidade e equilíbrio em sua vida se não estiver focando em você como um todo, ou seja, sua mente, corpo e espírito.

Já falamos neste livro sobre como a meditação pode ajudar sua saúde mental, como ela pode ajudar sua saúde física, mas também quero dedicar um tempo para me concentrar em sua saúde espiritual.

Quando muitas pessoas pensam sobre a saúde espiritual, pensam sobre a religião organizada e, nos dias de hoje, esse fato pode afastar muitas pessoas, fazendo com que elas negligenciem sua saúde espiritual.

Embora a religião possa ajudar a melhorar a saúde espiritual até certo ponto, não é a única parte de ser espiritualmente saudável.

Quando você pensa sobre sua saúde espiritual, você deve pensar em coisas como esperança, amor, paz e um propósito na vida. Um fator comum quando se trata de saúde espiritual é a ideia de que há algo maior lá fora.

Se esta entidade é Deus, o universo ou o que você quiser chamar, parte da saúde espiritual é entender que você é parte de algo maior. Agora, eu sei que haverá aqueles que já estão revirando os olhos, pensando que isso é um empurrão da religião, no entanto, não é.

Seria um mundo triste de viver se nunca pensássemos em nós mesmos como parte de algo maior do que apenas nós mesmos. Mesmo que seja apenas porque pensamos em nós mesmos como parte da raça humana ou parte do mundo como um todo, é importante nos identificarmos com algo que é maior do que nós.

Entender que somos parte de algo maior nos ajudará a encontrar um propósito em nossas vidas, nos ajudará a nos dar significado e nos ajudará a encontrar equilíbrio em nossas vidas.

É claro que nem tudo isso é necessário para sermos espiritualmente saudáveis. No entanto, ao entender esses conceitos e abordar nossa saúde espiritual, estaremos afetando nossa saúde mental e física também.

À medida que usamos a meditação para nos conectar com algo maior que aprendemos a acreditar, vamos nos encontrar elevando-nos a um elevado estado de consciência. Você descobrirá que ama profundamente, julga menos, demonstra sabedoria e se conecta de maneira profunda com o universo ao nosso redor.

É claro que você não precisa ser uma pessoa espiritual e não precisa se preocupar com sua saúde espiritual, assim como não precisa se preocupar com sua saúde mental ou física. Mas garanto que, se você negligenciar sua saúde espiritual, todas as outras áreas de sua vida também serão afetadas.

Uma das grandes coisas sobre a meditação é que você não precisa conscientemente escolher melhorar sua saúde espiritual. Enquanto você está meditando e melhorando sua saúde mental e física, sua saúde espiritual também vai melhorar, quer você queira ou não.

É ótimo se você optar por melhorar a sua consciência espiritual e saúde, pois só vai melhorar sua saúde e vida em geral. Isso é, afinal, o que todos nós queremos, não é?

A verdade é que as pessoas se voltam para a meditação durante os momentos mais difíceis de sua vida, porque simplesmente não têm idéia de para onde mais se virar. A meditação é geralmente um último esforço quando a pessoa sente que não pode mais aguentar. De repente, depois de começar a meditar, eles percebem que as coisas não eram tão ruins quanto pareciam na época. Na verdade, eles podem não apenas lidar com as coisas muito melhor, mas estão se sentindo melhor fisicamente e se sentem mais conectados ao universo, ao mundo e ao poder superior em que acreditam.

Capítulo 5: Por que as pessoas desistem de meditr e como tornar a meditação um hábito

Vemos o tempo todo. Pessoas começam a meditar, as suas vidas estão caminhando incrivelmente bem, aí, de repente, elas param. Então, se a meditação era tão incrível, por que alguém pararia, muitos perguntariam, e isso é o que pretendo responder neste capítulo.

A vida é cheia de mudanças. De fato, há mudanças acontecendo todos os dias nas vidas de todos nós, mas a principal razão pela qual a maior parte das pessoas par de meditar é quando acontece uma mudança tão grande para a qual elas não estão preparadas.

Essas mudanças podem ser mais horas de trabalho, uma mudança na formação da fammília, ou mesmo uma mudança de emprego. As mudanças que normalmente fazem as pessoas pararem de medirar são aquelas que acontecem e para as quais não estamos preparados.

Quando se sabe que a mudança vai acontecer na nossa vida, geralmente fazemos o máximo para nos preparar para ela. Porém, cada mudança que acontece na nossa vida leva a outra mudança e assim por diante. Ninguém consegue se preparar totalmente para todas as mudanças que vão acontecer nas suas vidas.

Isso significa que quando essas mudanças acontecem, espacialmente se acontecem de forma esmagadora, podemos não estar preparado para elas. Frequentemente as mudanças têm muito a ver com como ocupamos nosso tempo e somos obrigados a cortar algumas coisas que gostamos das nossas vidas. Em sua maioria, as pessoas cortam a meditação.

Outro motivo para as pessoas desistirem da meditação é que a técnica que usam não é mais adequada para a vida que levam. Conforme crescemos e nos desenvolvemos na vida, descobrimos que algumas coisas não se encaixam mais nas nossas vidas como elas se encaixavam. Algumas coisas terão que mudar também, acompanhando as mudanças que acontecem nas nossas vidas.

Você tem que pensar muito da mesma maneira que faria com a vida em geral. À medida que você cresce de um bebê para um adulto, certas coisas mudam e há certas coisas que não se encaixam mais em sua vida como costumavam fazer.

Meditação é o mesmo. À medida que você evolui na vida, você deve se certificar de que suas técnicas de meditação evoluam também. Por exemplo, se você começar a meditar para reduzir ou superar a depressão, depois de ter superado a depressão, você vai querer ter certeza de que suas técnicas de meditação evoluem, permitindo que você avance com sua vida.

A razão final pela qual a maioria das pessoas desistem de meditar é que elas não adquiriram o hábito de meditar. Assim como qualquer outro hábito na vida, se você não se certificar de que está meditando todos os dias até que ele se torne parte da sua rotina diária, você não será capaz de cumpri-lo.

Pense na última vez que você tentou mudar sua rotina diária. As chances eram de que você não se atenha a essas mudanças porque não transformou essas mudanças em hábitos.

Nós vamos falar mais adiante neste Capítulo como você pode desenvolver o hábito de meditar todos os dias para que você possa obter os melhores resultados possíveis, mas antes de entrarmos nisso, eu quero falar um pouco sobre o que acontece quando você para de meditar.

Muitas pessoas param de meditar por diversos motivos; muitas vezes é porque sentar, não fazer nada e focar em nada, não parece ser uma maneira produtiva de gastar seu tempo. Eles se encontram pensando em todas as outras coisas que podem ser feitas e a meditação simplesmente cai por terra.

Quando isso acontece, as pessoas tendem a ter a mesma experiência e pode tanto ter o melhor desempenho de suas vidas ou pode empurrá-las de volta para a meditação.

Uma das maiores coisas que as pessoas notam quando param de meditar é que elas têm cada vez menos energia à medida que os dias passam. Isso não é percebido imediatamente, porque acontece um pouco de cada vez, mas à medida que os dias passam, aqueles que pararam de meditar acham que estão exaustos, menos produtivos e simplesmente não têm a energia que costumavam ter.

A próxima coisa que acontece quando as pessoas param de meditar é que elas acham que são menos pacientes com as pessoas ao seu redor e têm um temperamento mais impaciente e irritadiço. Seu corpo precisa desses poucos minutos todos os dias para relaxar, e quando isso não acontece, seu corpo fica excessivamente estressado, o que significa que você fica menos paciente. Você descobrirá que as pequenas coisas da vida, que nunca o incomodaram antes, o irritam agora muito mais.

A terceira coisa que a maioria das pessoas percebe quando para de meditar é que eles têm dificuldade em tomar decisões. Eles têm dificuldade em entender os prós e contras de qualquer decisão; detalhes ficam borrados, e nada parece fazer muito sentido. Muitas vezes, pode parecer como se uma neblina tivesse caído sobre você. Eles não podem pensar em seus pés e ter dificuldade em decidir o que devem dizer. Meditar limpa a mente e permite que uma pessoa pense com clareza, mas quando uma pessoa para de meditar, é quase como se tivesse tirado os óculos, eles simplesmente não conseguem ver as coisas com clareza.

As pessoas tendem a se sentir muito mais inseguras quando param de meditar. Quando uma pessoa pratica meditação, ela tende a se sentir mais satisfeita com sua vida e feliz com quem ela é como pessoa. Eles tendem a não olhar para os outros para aprovação e muitas vezes se contentam em fazer as coisas por conta própria. Claro, você não vai se transformar em uma pessoa indefesa ou necessitada se você perder uma sessão de meditação, mas a maioria das pessoas acha que elas começam a duvidar mais de si quando começam a perder as sessões de meditação.

Encontrar alegria nas pequenas coisas da vida é um dos maiores benefícios da meditação. É quase como se alguém lhe desse uma pílula da felicidade e você pudesse olhar para tudo na vida e encontrar grande alegria. Quando você para de meditar, você não percebe essas pequenas coisas. Você não vai apreciar as pequenas coisas da vida que muitas vezes levam você a não apreciar as coisas maiores da vida. A gratidão é vital para viver uma vida feliz e realizada, mas quando você parar de meditar, descobrirá que tem menos e menos gratidão à medida que os dias passam.

A meditação é uma ótima maneira de se motivar. É incrível o quanto a meditação pode motivá-lo a fazer as coisas que você precisa fazer em sua vida. No entanto, quando você para de meditar, sua lista de tarefas parece transbordar enquanto você acaba enrolado no sofá, fazendo uma maratona da Netflix.

Eu falei anteriormente sobre como a meditação pode ajudar a restringir a alimentação emocional e como ela pode torná-lo mais consciente de suas ações, o que pode ajudá-lo a perder peso. Quando você parar de meditar, descobrirá que está comendo mais do que estava antes, quando meditava, e que está comendo mais alimentos que não são bons para você. Claro, isso vai estragar todos os seus esforços em ficar saudável e perder peso, o que pode levar à depressão, bem como muitos problemas de saúde.

Parar a meditação pode fazer com que a pessoa se sinta mal no geral e questione todas as decisões que já tomou em suas vidas. Você pode achar que nem sabe em que direção deve se mudar.

Finalmente, uma pessoa que pare de meditar descobrirá que se sente menos satisfeita na vida. Eu falei anteriormente no livro sobre como a meditação ajuda você a encontrar seu propósito na vida. No entanto, algo estranho acontece quando você para de meditar; você tende a esquecer qual é esse propósito. Quando você não se sente realizado em sua vida, isso vai te deixar querendo mais, mas porque você não tem motivação, você não vai saber o que esse mais é.

Muitas vezes, isso pode fazer com que você faça menos ainda. As pessoas parecem se afastar da vida quando param de meditar, o que pode assemelhar-se à depressão e, muitas vezes, pode levar à depressão, porque sabem que não estão à altura de seu potencial.

Eu acho estranho, no entanto, que a maioria das pessoas não perceba que a única coisa que mudou em sua vida foi que eles pararam de meditar, e eles tentam entender o que deu errado. É por isso que sinto que é importante que você saiba o que acontece quando você para de meditar.

É completamente compreensível que haverá dias em que você simplesmente não poderá meditar. A vida acontece, e não há nada que possamos fazer sobre interrupções em nosso cronograma. No entanto, quando as coisas começam a dar errado depois de você ter parado de meditar por um tempo, eu quero que você seja capaz de reconhecer qual é o problema.

Muitas pessoas meditam como uma forma de se motivarem. No entanto, eles tendem a ter que enfrentar o problema de não ter motivação para meditar. Isso pode ser um grande problema, e é por isso que você precisa saber como tornar a meditação um hábito, se quiser ter sucesso em usá-la. Você vê, nós sabemos que a meditação é boa para nós, no entanto, nossas vidas são muito ocupadas, e nossas atividades ficam no caminho. O mesmo acontece quando tentamos começar a nos exercitar ou quando tentamos fazer alguma mudança em nossa vida.

A maioria das pessoas trabalha pelo menos 40 horas por semana, seja fora de casa ou em casa. Esse fato muitas vezes significa que, quando chegam em casa à noite, cuidam de suas tarefas domésticas, da família e jantam, estão prontos para se jogar em frente à televisão e não se mexer até que tenham que ir para a cama. Esse tipo de estilo de vida deixa as pessoas insatisfeitas e freqüentemente deprimidas.

Para tornar a meditação um hábito, você primeiro tem que se dedicar a meditar regularmente. Sugiro meditar por 15 a 30 minutos todos os dias, sete dias por semana. Deve se tornar parte de sua rotina diária, assim como escovar os dentes ou tomar banho. Deve se tornar automático.

O próximo passo é escolher que tipo de técnica de meditação você vai usar. Muitas pessoas começam usando a meditação guiada, sobre a qual aprenderemos mais adiante neste livro. A meditação guiada é a forma mais fácil de meditação para a maioria das pessoas, especialmente quando estão começando. Depois de aprender a usar a meditação guiada, você pode passar para outras técnicas.

O segundo passo para tornar a meditação um hábito é encontrar uma área que você possa dedicar à meditação. Pessoalmente, gosto de meditar na minha mesa de manhã cedo antes de começar meu trabalho pelo dia. Assim que eu me sento em minha mesa com minha xícara de café, sei que estarei meditando, iniciando meu dia exatamente como preciso para garantir meu sucesso.

Você pode escolher qualquer lugar que você gostaria de meditar, desde que seja um lugar onde você se sinta confortável. A maioria das pessoas que meditam antes de dormir gostam de fazê-lo enquanto estão em suas camas. Porque a meditação é tão relaxante, muitas pessoas acham que adormecem enquanto estão meditando, e isso está tudo perfeitamente bem.

Outras pessoas escolherão uma área especial em casa, muitas vezes iluminada com velas e possivelmente com alguma música leve tocando ao fundo.

A área escolhida dependerá da hora do dia em que você está meditando. Se você meditar à noite, você vai querer uma área que vai ajudar você a acalmar seu corpo e se preparar para a cama. Se você se preparar para o começo do dia, você vai querer meditar em uma área que vai te acordar e ajudar você a aproveitar o dia.

Você não quer meditar em sua cama pela manhã porque quer que sua cama seja associada ao sono. Se você meditar na sua cama no período da manhã, é provável que você volte a adormecer, e isso vai frustrar o propósito da meditação, porque quando você finalmente acordar, ficará para trás e estressado com o excesso de sono.

Depois de escolher a área, bem como o tempo que você vai meditar a cada dia, é importante para você escrever esse tempo em sua programação. A maioria de nós vive nossas vidas por uma programação diária. É o que nos mantém no caminho certo e o que nos informa sobre quais tarefas precisam ser concluídas a que horas e em que dia. A maioria de nós também entende que, se não escrevermos algo em nossa agenda, isso não acontecerá, e é por isso que é vital para o seu sucesso quando você começa a meditar para garantir que você tenha tempo programado para meditar diariamente.

Para o primeiro mês de meditação, você terá que se forçar simplesmente a meditar. Agora, isso não é tão difícil quanto parece. Sim, nos primeiros dias da primeira semana, você pode não pensar que algo está acontecendo e ser tentado a desistir, mas depois da primeira semana, você começará a ver resultados que facilitarão muito a construção o hábito de meditar.

Durante os primeiros 30 dias, você vai querer se certificar de que você não perca uma única sessão de meditação. A razão para isso é que leva 30 dias para você construir um hábito. Se acontecer de você perder um dia dentro desse período de 30 dias, você terá que começar os 30 dias que foram interrompidos de novo.

Quando você cria o hábito de meditar, precisa ter certeza de que não está tentando criar ou quebrar nenhum outro hábito. As pessoas lutam naturalmente contra a mudança em suas vidas, é da natureza delas e não há nada que você possa fazer a respeito. Isso acontece mesmo quando sabemos que a mudança é boa para nós.

Criar ou quebrar um hábito de cada vez aumenta suas chances de sucesso, porque quando você está tentando mudar mais de uma coisa em sua vida ao mesmo tempo, você vai causar muito estresse em sua vida e rapidamente se tornar sobrecarregado. É por isso que muitas pessoas desistem antes de ver qualquer mudança de vida quando tentam criar algum hábito.
Quando você está tentando criar um hábito de meditação, você realmente precisa deixar de lado quaisquer pensamentos preconcebidos sobre o que realmente é uma boa meditação. Boa meditação é qualquer meditação que você faz que ajuda seu corpo e sua mente a relaxar, permitindo que você se afaste dos estressores com os quais você tem que lidar em sua vida.
Isso não deve ser pensado como fugir de seus problemas, mas deve ser pensado como a maneira perfeita para você lidar

com seus problemas. Meditação não significa que simplesmente nos esquecemos das coisas que causam estresse em nossas vidas, isso significa que tiramos algum tempo de folga, algum tempo longe desses estressores. Afinal de contas, todos nós não merecemos algum tempo livre?

Se você realmente quiser tornar a meditação um hábito, você pode usar uma técnica chamada empilhamento de hábitos. É aqui que você usa um hábito que você já tem para acionar o novo hábito que você está tentando criar.

Por exemplo, todas as manhãs, eu sabia que ia me levantar e tomar uma xícara de café na minha mesa antes do trabalho. Usei esse hábito para desencadear a meditação, de modo que, agora, quando vou à minha mesa todas as manhãs, não preciso pensar em meditar; Eu não tenho que querer meditar, e eu não tenho que me preocupar com que tipo de humor eu estou. Eu não tenho que fazer a escolha de meditar porque isso se tornou automático para mim.

Você também pode fazer isso, meditando todos os dias depois de já ter concluído uma tarefa que você já tem o hábito de fazer, como escovar os dentes. Você sabe que vai escovar os dentes todos os dias e pode usar esse hábito como um gatilho para a meditação praticando meditação imediatamente depois de escovar os dentes por pelo menos 30 dias.

Criar o hábito de meditar ou qualquer hábito, não precisa ser difícil. Se você realmente quer criar o hábito e seguir os passos que lhe dei neste Capítulo, descobrirá rapidamente que a meditação é uma parte natural de sua vida.

Preciso da sua ajuda

Gostaria de agradecer novamente por ler este livro. Espero que esteja gotando dele até aqui e que ele tenha agregado valor para você. Muito esforço foi empenhado para garantir que este livro providencie o máximo possível de conteúdo e que ele cubra o tanto quanto consigo cobrir.

Se você achou este livro útil, então gostaria de pedir um favor. Você poderia, por gentileza, deixar uma avaliação para ele na Amazon?

Capítulo 6 – Tipos de técnicas de meditação

Agora que você conhece os maravilhosos benefícios da meditação, provavelmente está se perguntando como você vai meditar de fato. A boa notícia é que há dúzias de técnicas de meditação, então você com certeza vai encontrar um que se encaixe às suas necessidades. A má notícia é que por existirem tantas técnicas de meditação eu não consigo cobrir todas elas em um capítulo de livro.

Entretanto, vou fazer meu melhor para cobrir as técnicas de meditação mais populares. Vou discutir mais como você pode realizar essas técnicas, quebrando elas num passo a passo, mais adiante neste capítulo. Somente quero discutir as técnicas, e também explicar como elas beneficiam as pessoas que estão meditando.

Quero começar falando sobre a meditação de atenção plena. A meditação de atenção plena é um tipo de meditação onde se foca completamente no presente, no lugar de se distrair pelo que pode acontecer no futuro ou se desencorajar pela dor que se sentiu no passado. Durante esse tipo de meitação, enquanto se foca em estar prestando atenção no presente, também se evita julgar as circunstâncias do rpesente, sejam elas quais forem.

A meditação de atenção plena também é um ótimo jeito de se conhecer. Muitas pessoas que estão vivas atualmente não têm ideia de quem são. Elas pulam de um relacionamento para outro tentando preencher um profundo vazio dentro deles, mas isso nunca funciona. O problema é que não sabem quem são. Eles sabem o que têm que fazer, quais são suas responsabilidades, mas quem são não é definido por isso. Usando a meditaçao de atenção plena, você pode descobrir quem você é além daquilo que faz todos os dias.

A meditação de atenção plena tem sido usada há milhares de anos e surgiu na India quando Buda praticou a técnica e foi capaz de se lembrar de todas suas vidas anteriores. Diz-se que foi através dessa técnica de meditação que Buda se iluminou e começou a entender o auto despertar.

O ambiente, o olhar, a postura e até o modo de respirar de uma pessoa é muito importantoe quando falamos de meditação de atenção plena. A meditação de atenção plena é recomendada para aqueles que querem ter um entendimento mais profundo de si, e também para aqueles que estão passando por dificuldades como o luto, tristeza, depressão, desespero, todos mentais, como por problemas de saúde física, e para aqueles que querem ter certeza de que estão no caminho certo na vida.

Muitas pessoas acreditam que a meditação de atenção plena é o melhor tipo de meditação, e muitos se perguntam com freuência por que em algum momento deveriam usar qualquer outro tipo de meditação. A resposta para essa pergunta é, enquanto a meditação de atenção plena é uma técnica muito boa de se usar, não é uma técnica que se adequa a todas as situações. Há muitas outras ténicas que se pode usar, e cada uma delas depende do tipo de situalçao que se encara na vida e o que se sente que precisa ser superado.

É quase impossível para mim te dizer qual tipo de meditação que você precisa começar a pratiar, porque é impossível que eu saiba todos os pequenos detalhes da sua vida.

Para entender se a meditação de atenção plena é certa para você, primeiro devemos determinar exatamente o que atenção plena significa. Atenção plena descreve um estado da mente que se alcança durante esse tipo de meditação. Descreve a habilidade de estar alerta no momento e somente focar no que está acontecendo na sua vida no presente. Se você precisa trabalhar algum assunto que aconteceu no passado, a meditação de atenção plena é um ótimo modo de direcionar o foco para o agora, mas não vai ajudar a trabalhar esses assuntos que aconteceram previamente.

Muitas pessoas confundem a meditação de atenção plena com meditação focada. Porém, elas não são a mesma coisa.

Meditação focada é uma técnica muito mais fácil que muitas das técnicas tradicionais de meditação porque te permite focar em um objeto ou som para limpar a mente.

A meditação focada é uma das técnicas de meditação que qualquer um pode aprender, e não é necessário ter um instrutor de meditação para isso. Quando uma pessoa pratica a meditação focada, ela foca num objeto, som, ou na própria respiração para limpar a mente, desligar o diálogo interno e se manter no momento presente.

A maior parte das pessoas que estão começando a meditar acham a meditção focada muito mais fácil porque ela permite que se foque a mente em um objeto no lugar de tentar limpar a mente sem ter algo em que focá-la.

Muitas pessoas escolehm focar no som de um metrônomo, no cheiro de seu incenso preferido, num quadro ou foto preferido, ou até no som da própria respiração enquanto estão praticando a meditação focada.

É importante entender que quando se começa a usar a meditação focada, você pode querer começar com sessões muito curtas. Sessões de cinco minutos são um ótimo jeito de começar, aumentando cinco minutos a cada semana até que se atinja as sessões de trinta minutos.

O motivo para isso é porque sua mente nã está acostumada a focar em comente uma coisa por um período longo. Vivemos num mundo onde nunca focamos mais do que alguns momentos em uma coisa específica sem que algo nos distraia.

A meditação focada vai te ajudar a ter foco não só enquanto está meditando, mas no seu dia a dia. Quando você está focado na tarefa a ser realizada, se distraindo com menor frequência, vai descobrir que as coisas que precisam ser feitas são feitas muito mais rápido que antes, e são feitas com muito mais qualidade.

Quando você começar a meditação focada, você vai ter que acalmar aquela sua voz interna.O que vai descobrir é que enquanto você está tentando focar sua mente vai tentar trazer à tona todas as coisas ruins que aconteceram naquele dia, naquela semanam ou na sua vida. Vai fazer tudo o que pode para te impedir de relaxar completamente. Você precisa assumir o controle da sua mente em vez de deixar que ela tome o controle sobre você. Esse é o único jeito que você vai encontrar paz através de qualquer tipo de meditação.

A maior parte das pessoas que estão começando a meditar usam algo chamado meditação guiada. A maditação guiada é simplesmente uma meditação feita com a ajuda de um guia, frequentemente um audio gravado.

Meditação guiada é uma das formas mais fáceis de meditação, e é um dos jeitos mais rápidos de uma pessoa aliviar o stress enquanto fazendo mudanças pessoais positivas na sua vida.

Para participar da meditação guiada você pode frequentar uma aula, ou simplesmente procurar um vídeo no YouTube. Se você está ouvindo vídeos de meditação guiada na internet o melhor é fazer isso com fones de ouvido, na maior parte do tempo o vídeo vai avisar no começo enquanto o instrutor te orienta para se preparar para a sessão.

Essas sessões podem durar de 15 minutos a 1 hora e durante essas sessões o instrutor vai lhe dizer para que direcionar seu foco, frequentemente repetindo afirmações para ajudar a mudar o modo de pensar no nível subconsciente, o que vai permitir mudanças positivas em sua vida.

Quando você está procurando a meditação guiada perfeita, você pode precisar testar alguns diferentes antes de encontrar o coreto para você. O motivo disso é que você quer ter certeza que o som de fundo seja relaxante para você, e que a voz do instrutor não te incomode. Cada um de nós escita de forma diferente; uma voz fina pode ser relaxante para alguns, enquanto outros preferem uma voz grossa para relaxar. Isso é preferência pessoal, e como há milhares de meditações guiadas disponíveis online, você pode ter certeza de que vai encontrar uma adequada para as suas necessiddes.

Outro grande benefício da meditação guiada é que você pode escolher em que focar sua atenção durante a mediação. Por exemplo, se você está tendo dificuldade com produtividade no dia a dia, existem meditações guiadas que focam nisso, se você está tentand ser uma pessoa mais positiva, pode procurar mditações para isso também. Há meditações guiadas disponíveis para qualquer problema que esteja encarando na vida.

Você também pode escutar essas meditações quando vai se deitar, todas as noites para dormir melhor e começar melhor o novo dia.

A maioria dos outros tipos de meditação vão pedir que você foque sua mente em um objeto ou na sua respiração, porém, quando você usa meditação guiada você volta sua atenção ao que está sendo dito, nas palavras da pessoa, na voz, e na música que está sendo tocada ao fundo. Esse método é, normalmente, muito mais fácil para as pessoas que estão começando porque não se ouve uma voz interna que pede para voltar o foco para qualquer outra coisa.

Se você é o tipo de pessoa que tem dificuldade em silenciar a voz interna, que está sob muito estresse ou tem dificuldade acalmando os pensamentos, meditação focada pode ser o melhor tipo de meditação para você começar.

Algumas pessoas têm dificuldade em sentar e ficar quieto para meditar. Essas pessoas sentem como se houvesse algo que deveria ser feito, e se sentem culpdos mesmo que se sentem por aguns instantes.

Para essas pessoas, meditação caminhando pode ser o melhor jeito de começar. Quando se usa meditação caminhando o foco se volta para a ação de andar para limpar a mente.

Calro, vai haver diferenças entre meditação caminhando e meditação sentado, uma é que você precisa manter seus olhos abertos enquanto caminha e outra é que você precisa prestar atenção a qualquer perigo em volta enquanto pratica meditação caminhando.

A maior diferença que as pessoas vivenciam quando praticam meditação caminhando é que é muito mais fácildo que se estivessem sentados. Essas pessoas conseguem estar cientes dos sons ao redor, o canto dos pássaros, o som do vento e o sol. Meditação caminhando é muito benéfica para aqueles que estão extremamente estressados em suas vidas não só porque o exerecício ajuda a pessoa a reduzir o estresse com o qual precisam lidar, mas há também os benefícios da meditação.

A meditação caminhando é ótima para aqueles que vivem uma vida muito ocupada e querem ter certeza de que estão praticando exercício suficiente, e que estão meditando por tempo suficiente. Para algumas pessoas pode parecer que exercer mais de uma tarefa ao mesmo tempo seja contrário aos princípios da meditação, mas porque o corpo está em movimento durante a meditação caminhando, é mais fácil que a pessoa foque sua mente somente no corpo e não em tudo que aconteceu naquele dia.

Veja bem, quando você se senta em silêncio, tentando focar no presente, num objeto ou até quando se está usando meditação focada, sua mente tende a se dispersar. Porém, quando você está praticando meditação caminhando, a única coisa em que sua mente se concentra é em um passo depois do outro, e é muito difícil que algo lhe chame a atenção.

Depois de praticar meditação caminhando, você vai descobrir que está mais relaxado do que poderia imaginar possível, e passa a dormir muito melhor à noite, o que ajuda seu corpo a lidar com o estresse que você encara a cada dia.

Capítulo 7 –Como preparar o ambiente para meditação

Preparar o seu ambiente para meditação e se preparar para meditação são muito importantes. Claro, se você está praticando meditação caminhando, o mundo é seu ambiente de meditação, entretanto, se você está praticando qualquer tipo de meditação sentado, vai ter que preparar um ambiente que vai lhe permitir usufruir da melhor forma de suas sessões de meditação.

Imagine quão incrível seria ter uma área dedicadate para curar a mente, corpo e espírito. Isso é exatamente o que você vai criar quando começar a preparar seu ambiente de meditação. Agora, não me leve a mal, você não precisa ter uma casa enorme, você não precisa dedicar um cômodo inteiro para sua área de meditação. Na verdade, até um cantinho funciona desde que você saiba como prepará-lo adequadamente e isso é o que vou te mestrar neste capítulo.

A primeira coisa que você precisa entender é que não há regras quando estamos preparando um ambiente de meditação. Entretando, há algumas coisas que você precisa levar em consideração, maneiras que você pode criar um ambiente amoroso e despreocupado que irá ajudá-lo a alcançar um verdadeiro estado de relaxamento enquanto você está meditando.

A primeira coisa a se fazer é encontrar um lugar que te faça sentir bem. Muitas pessoas não querem preparar um ambiente de meditação no escritório porque não é uma área que traz paz. Frequentemente, o oposto é verdade, o escritório de casa pode ser um lugar de trabalhar e pagar as contas, mas não é um lugar onde as pessoas conseguem relaxar.

O lugar que você escolher precisa ser livre de circulação e precisa ser um lugar calmo que não seja cheio de distrações. O cômodo deve ter acesso a luz natural também. Se vocÇe não encontrar um espaço na sua casa que cumpra todos esses requisitos, você pode considerar um lugar na varanda ou até mesmo no jardim somente para meditação. Se você escolher meditar ao ar livre, você precisa ter certeza que é um lugar onde você se sentirá confirtável e livre dos olhares curiosos dos vizinhos barulhentos.

O próximo passo na criação de seu ambiente de meditação é limpá-lo e se livrar da desordem. Todos nós temos confusão em nossas vidas. No entanto, você precisa ter certeza de que seu ambiente de meditação é livre de desordem, porque pode ser muito perturbador enquanto você está tentando meditar. Isto é especialmente verdadeiro se você é o tipo de pessoa que gosta de um espaço limpo.

Considere esvaziar tudo do espaço, encontrando um lar diferente para que, quando você terminar de criar seu ambiente de meditação, os únicos itens que estão na área sejam aqueles que melhorem sua capacidade de meditar. Mesmo se você usar apenas um pequeno canto de uma sala, você deve considerar encontrar um lugar diferente para os itens que estão atualmente nessa área e dedicar esse pequeno espaço apenas para meditar.

Se o seu espaço está dentro, você também deve considerar trazer alguns elementos externos. A natureza ajuda as pessoas a relaxar naturalmente; É por isso que muitas pessoas se sentem melhor quando estão próximas da natureza. Pegue as cortinas das janelas, adicione algumas flores frescas, areia em potes, conchas, plantas ou uma fonte de água.

Uma pequena fonte de água é algo que você deve considerar usar em sua sala de meditação, porque você será capaz de relaxar ao som da água escorrendo pela fonte, e esse som relaxante ajudará a abafar qualquer ruído de fundo, como a televisão, crianças brincando ou tráfego lá fora.

Agora é hora de você pensar sobre a música de fundo que você quer ouvir enquanto medita. É claro que, se você estiver praticando meditação guiada, isso não é algo com o qual você terá que se preocupar no momento, porque as meditações guiadas já têm música em segundo plano. No entanto, se você estiver praticando a meditação mindfulness ou outras técnicas de meditação, você vai querer considerar como você quer tocar a música e qual música será tocada.

Basta comprar um CD player barato e um CD de música clássica para fornecer a música de fundo de que você precisa enquanto medita. É importante ouvir música que não tem letras e que não é música que você ouviria fora da meditação.

A razão para isso é porque enquanto todos nós amamos música, isso pode ser muito perturbador; você não quer sua música pop favorita ou hard rock tocando enquanto você está tentando meditar, porque você pode achar que quer cantar junto, quanto mais os vários pensamentos que a letra poderia criar.

Não só a música clássica vai ajudá-lo a meditar, mas também lhe proporcionará outros benefícios. A música clássica provou aumentar a motivação, melhorar o sono, aliviar a dor, melhorar o humor de uma pessoa, reduzir o estresse e melhorar o QI de uma pessoa.

Música clássica, enquanto recomendado, não é necessária. Você poderia ouvir o som do oceano; sons da natureza, como o chilrear dos pássaros ou qualquer outro som que você ache relaxante. Você deve certificar-se de que qualquer lista que esteja ouvindo seja longa o suficiente para que você não tenha que parar sua sessão e pressionar play ou mudar o disco. Você não quer ser interrompido enquanto medita.

Você também pode decidir adicionar o elemento Aromaterapia. Aromaterapia é o uso de óleos essenciais para ajudar a acalmar a mente, corpo e alma. Óleos essenciais, como hortelã-pimenta, lavanda e camomila são ótimos para usar enquanto você está meditando não apenas para relaxar sua mente, mas também para seu corpo.

Não só os óleos essenciais são capazes de ajudá-lo a relaxar, mas estudos mostraram que o uso de óleos essenciais também tem muitos outros benefícios, como aumentar o sistema imunológico, aliviar a dor e reduzir o estresse.

Em seguida, você vai querer adicionar alguns toques pessoais ao seu espaço de meditação. Você não quer um espaço que não pareça ser parte de quem você é ou que não pertence à sua casa. Em vez disso, você quer que seu espaço seja confortável e deseja que ele contenha alguns de seus pertences pessoais.

Você deve, no entanto, certificar-se de que você não está superlotando o espaço, porque isso fará com que sua mente fique superlotada enquanto você está tentando meditar. Em vez disso, mantenha a área livre de muita confusão, mantenha as linhas limpas e use apenas algumas peças de cada vez. Lembre-se, você pode trocá-las por outras peças em uma data posterior, se encontrar algo que queira colocar em sua área de meditação. Você não deve, no entanto, continuar a comprar itens para colocar na área sem tirar nada.

Você precisa lembrar como é importante ter ar fresco em sua área de meditação. Naturalmente, Aromaterapia é benéfica, mas você também precisa garantir que tenha acesso ao ar fresco em seu ambiente de meditação. Se o seu ambiente de meditação é ao ar livre, isso não será um problema, no entanto, se você tiver um espaço de meditação dentro, pode ser um pouco mais difícil.

Se você estiver em uma sala com janelas, basta abrir uma janela e ligar um ventilador enquanto medita para fornecer ar fresco suficiente. Por outro lado, se a sua área de meditação não tiver janelas, você pode querer considerar a compra de um purificador de ar, bem como um ventilador de pé para garantir que você está recebendo o ar fresco que seu corpo precisa.

Você também deve pensar sobre a cor da tinta na área. Você quer cores para ser calmante, não brilhante ou excitante. Você tem que lembrar que você quer que as cores na sala combinem com o estado mental que você está tentando alcançar, em outras palavras, você quer que elas fiquem calmas.

A iluminação vai fazer uma diferença enorme quando se trata da área de meditação. Mencionei anteriormente que você deve tentar usar um espaço que lhe proporcione alguma iluminação natural. Se você usar uma cortina, ela deve ser feita de um tecido transparente que permitirá a entrada da luz, mas também lhe dará alguma privacidade. Se não houver iluminação natural na sala, você precisará certificar-se de que possui as luminárias adequadas. Caberá a você decidir que tipo de iluminação você quer, seja claro ou escuro, você deve escolher o que o torna mais confortável e ajudá-lo a relaxar. Você deve evitar luzes fluorescentes, se possível.

Você também precisa garantir que sua área de meditação seja um espaço livre de tecnologia. Deve ser, sem telefones celulares ou qualquer outra tecnologia, exceto o que você estará tocando sua música ou sua meditação guiada se é isso que você está usando.

Se você precisa ter seu laptop ou tablet com você para ouvir música ou meditações guiadas, é necessário garantir que você o esteja usando apenas para essa finalidade. Você nunca deve verificar seu e-mail, entrar em mídias sociais ou começar a navegar na Internet em vez de meditar em seu ambiente de meditação. Você tem todo o resto de sua casa para concluir essas tarefas, não deixe que elas interfiram no seu espaço de meditação.

Algumas pessoas gostam de acender velas enquanto estão meditando, outras acham que meditam melhor se estiverem trancadas no banheiro e desfrutando de um banho de espuma. Não importa onde você esteja meditando, você precisa ter certeza de que é um ambiente relaxante e permitirá que você fique livre de todas as distrações durante o processo de meditação. Você também precisa garantir que não será interrompido nem será apressado durante as sessões.

Depois de preparar sua área de meditação, você precisa se preparar para a sessão de meditação. Antes de começar a falar sobre como você pode se preparar para a meditação, você deve entender que estas não são regras, estas são simplesmente algumas maneiras para você tornar suas sessões de meditação mais eficazes.

Você não precisa usar essas técnicas quando está se preparando para meditar, de fato, pode estar sentado em seu escritório agora mesmo e meditar. Você vê, você pode meditar em qualquer lugar e a qualquer hora. No entanto, quando você cria um ambiente de meditação, como eu falei anteriormente, e você segue as dicas que eu vou lhe dar para ajudá-lo a se preparar para a sua sessão de meditação, você será capaz de se beneficiar ainda mais das suas sessões.

A primeira coisa que você precisa fazer é planejar seus tempos de meditação não antes de 1 hora depois de ter comido. Se você tem que comer antes de meditar, você deve se certificar de que é um lanche muito leve e saudável. Comer uma refeição pesada e gordurosa antes de meditar só vai deixá-lo cansado, e você não será capaz de se concentrar na sessão de meditação.

Algumas pessoas também preferem tomar banho antes de meditar, porque simboliza a lavagem e limpeza do corpo. Esta ação, obviamente, não é necessária. No entanto, ele pode ajudar a preparar a mente e o corpo para a meditação e ajudá-lo a alcançar um estado mais relaxado.

Quando você está se preparando para meditar, você quer ter certeza de que está usando roupas confortáveis. Estes não devem ser muito apertados, e eles devem garantir que você não fique com calor enquanto estiver meditando, ou com muito frio também.

Muitas pessoas gostam de se exercitar antes de meditar, porque as ajuda a relaxar a mente e o corpo, preparando-as para o estado meditativo que estão tentando encontrar. Também ajuda a limpar a mente, permitindo que a pessoa se concentre apenas no que está fazendo e ajuda a mente a mudar do dia de trabalho para o horário de trabalho. O exercício vai ajudar a garantir que seu corpo tenha o oxigênio de que precisa, que seu sangue flua adequadamente e que seus músculos estejam esticados. Se você não quer se exercitar antes de meditar, precisa ter certeza de que está tirando alguns instantes para alongar os músculos, ajudando-os a relaxar antes de começar a meditar.

Talvez você também pode querer tirar alguns minutos de "intervalo" antes de começar a meditar, apenas para preparar sua mente para o que está prestes a fazer. É melhor que você não pule de uma tarefa para outra sem levar alguns minutos para permitir que sua mente se ajuste à nova tarefa.

Isso é importante para você lembrar, enquanto estiver trocando tarefas em qualquer área da sua vida, mas é muito importante que você se lembre quando começar a meditar. Permitir que sua mente tenha alguns minutos entre as tarefas garante que você seja capaz de se concentrar apenas em sua sessão de meditação e não na tarefa da qual estava participando antes de meditar.

Participar de exercícios de respiração profunda é uma ótima maneira de preparar sua mente e seu corpo para uma sessão de meditação. Concentrar-se na respiração profunda por 10 a 15 respirações, inspirar pelo nariz e expirar pela boca, ajudará a relaxar a mente e a ajudar o corpo a fazer a transição de qualquer atividade que estivesse fazendo anteriormente para a sua sessão de meditação.

O que quer que você escolha fazer para se preparar para a meditação, deve ser algo que você ache relaxante, algo que o ajude a tirar o foco do estresse do dia e do processo de meditação.

Capítulo 8- Exercícios de meditação, passo a passo

A meditação pode nos ajudar de várias maneiras; pode nos ajudar a dormir melhor, reduzir nosso estresse, nos ajudar a ser mais produtivos e nos ajudar a pensar com mais clareza, mas para você se beneficiar da meditação, primeiro você precisa saber como meditar adequadamente.

Quero começar este Capítulo falando sobre a meditação de atenção plena e acompanhá-lo passo a passo. É importante que você entenda que, embora a meditação possa ser praticada na hora de dormir, não é uma técnica destinada a fazer você adormecer. Em vez disso, a meditação de atenção plena(ou de mindfulness) serve para ajudá-lo a se tornar mais alerta, ajudá-lo a se concentrar nas coisas que você precisa fazer e limpar sua mente.

Você começará indo a sua área de meditação, escolherá a música que deseja tocar, acenderá suas velas, iniciará a aromaterapia e assim por diante. É melhor se você tiver um travesseiro macio para se sentar de modo que não esteja exercendo muita pressão sobre a coluna.

Sente-se ereto, com as pernas cruzadas em estilo indiano e as costas das mãos apoiadas nos joelhos.

Agora, é hora de você se preparar para a sua sessão de meditação respirando fundo pelo nariz lentamente, enchendo seus pulmões completamente e mantendo por 10 segundos antes de exalar pela boca. Repita este 15-20 vezes, concentrando-se em nada, a não ser na sua respiração.

Cada vez que você inala, sinta o ar enchendo seus pulmões e imagine que você está inalando a luz branca. Quando você exala, sinta seu peito, relaxe e visualize-se exalando todas as tensões e problemas do dia como fumaça escura. Ao expirar, observe a fumaça desaparecer e sumir completamente.

Este exercício de respiração ajudará a preparar a mente e o corpo para a sessão de meditação que vai começar.

Conforme sua sessão de meditação for começando, você precisa se conectar com você mesmo. Como você está se sentindo? Não apenas fisicamente, mas mentalmente também. Lembre-se, você não pode apressar a meditação e não pode apressar o relaxamento. Quando você começa, é perfeitamente normal que tenha uma tonelada de pensamentos correndo pela sua mente. Por enquanto, permita que sua mente faça o que faz naturalmente; permita que os pensamentos vão e vêm, simplesmente reconhecendo que eles estão lá, mas sem se concentrar em nenhum pensamento particular.

A tentação de se concentrar em qualquer um desses pensamentos pode ser muito forte. No entanto, é muito importante que você resista a essas tentações. Haverá pensamentos em sua mente que podem ser difíceis de lidar, pensamentos de erros que você cometeu, coisas que aconteceram com você no passado e assim por diante. É importante que você não permita que isso os derrube, mas permita que eles passem pela sua mente.

Cada varredura deve levar apenas cerca de 30 segundos, e isso pode ser feito várias vezes. No entanto, é importante que você tome nota de quais áreas do seu corpo se sentem mais relaxadas enquanto você examina seu corpo. Você também deve tomar nota de todas as áreas que se sentem desconfortáveis ou que você sente desconforto.

Neste ponto de sua sessão, você terá notado a sensação de subida e descida de cada respiração que você toma, no entanto, se você não o fez, traga sua atenção de volta para sua respiração e realmente sinta cada respiração que você toma com todo o seu corpo.

Não tente mudar o ritmo da sua respiração, mas, em vez disso, permita que o seu corpo respire como é necessário, deixe que ele faça o que quiser. É importante que você entenda que realmente não existe um caminho certo ou errado para você respirar enquanto medita, contanto que esteja concentrado em sua respiração, você estará respirando lenta e profundamente.

Algumas pessoas tentam se concentrar em sentir a respiração profunda em seu abdôme, em vez de sentir nos seus ombros ou peito, no entanto, se isso não ocorre naturalmente para você, não é necessário. Simplesmente respire naturalmente.

Ao passar os próximos momentos respirando, será natural que sua mente comece a vagar. Assim que você perceber que sua mente começou a vagar, traga-a de volta para a sua respiração.

Não fique aborrecido consigo mesmo se achar que sua mente começou a vagar, quanto mais você pratica a meditação da atenção plena, menos vezes isso vai acontecer. Em vez disso, simplesmente lembre-se de que isso é perfeitamente natural e volte o foco para sua respiração.

Após cerca de 2 a 3 minutos de concentração em sua respiração, é hora de você pensar no primeiro momento em que se lembra do dia. Se você se lembra de acordar, pense em como se sentiu quando acordou. Permita que sua mente avance rapidamente durante o dia, repetindo os acontecimentos do dia em sua mente. Esses eventos não precisam ser detalhados. Eu não estou pedindo para você reviver todo o seu dia; simplesmente permita que sua mente pense sobre os eventos.

Você deve levar apenas cerca de três minutos para percorrer todo o seu dia até o momento em que está no momento. Você pode estar pensando que isso parece muito difícil de se encaixar em apenas alguns momentos, mas como afirmei anteriormente, você não se concentre em nenhum dos detalhes, simplesmente pense em seu dia como instantes dos eventos ocorridos. Você não deve gastar mais do que três a quatro minutos pensando sobre o que aconteceu naquele dia.

Enquanto sua mente está repetindo os eventos do dia, haverá uma tentação para você parar e se concentrar em eventos específicos que ocorreram. Seu trabalho durante esse tempo é resistir a essa tentação e não permitir que você se concentre em qualquer evento específico, mas simplesmente olhe para o dia como se fosse um filme de reprodução rápida que você não tinha como fazer uma pausa. Sua mente gosta de pensar e vai tentar pensar nos acontecimentos do dia. No entanto, no final do dia, você não deve permitir que sua mente o estresse, concentrando-se em qualquer evento, não importa quão grande ou pequeno. Se, no entanto, você perceber que se distraiu com um pensamento específico, simplesmente volte seu foco e termine essa etapa. Quanto mais você praticar a meditação da atenção plena, menos se distrairá com pensamentos sobre o seu dia.

Depois de ter trazido sua mente de volta ao momento presente, você começará novamente a se concentrar em seu corpo. Começando na ponta dos dedos dos pés, você começará a relaxar cada parte do corpo. Você passará por todas as partes do seu corpo, pensando nisso como se fosse um interruptor. Você estará trocando cada parte do seu corpo para a posição relaxada da mesma forma que desligaria uma luz. Você está basicamente dando permissão ao seu corpo para relaxar e, se necessário, pode dizer à parte do corpo para relaxar, tranquilamente em sua mente.

É possível adormecer durante este processo, por isso, se achar que pode relaxar o seu corpo até esse ponto, é melhor praticar este tipo de meditação antes de ir para a cama. Se você perceber que está adormecendo enquanto seu corpo relaxa, você também pode praticar essa meditação enquanto estiver na cama.

Depois de ter relaxado todo o seu corpo, você trará seu foco de volta para sua respiração. Concentre-se em cada respiração por 10 a 15 respirações, abra os olhos e volte seu foco para o seu dia.

O próximo tipo de meditação que quero apresentar é a meditação focada. Este tipo de meditação deve ser feito em sessões curtas, geralmente começando com sessões de 5 minutos e aumentando gradativamente até 30 minutos.

Para começar a sua meditação focada, você irá, mais uma vez, para a sua área de meditação e preparar a área tocando música, acendendo velas, abrindo uma janela e assim por diante.

Sente-se em seu travesseiro estilo indiano, permitindo que a parte de trás de suas mãos para descansar em seus joelhos.

Assim como você iniciaria qualquer outra sessão de meditação, comece focando em sua respiração. Feche os olhos e inspire profundamente pelo nariz lentamente, enchendo os pulmões. Mantenha por 10 segundos e expire pela boca. Repita isso 10 vezes e você estará pronto para começar sua sessão de meditação.

Para usar a meditação focada, você precisará encontrar um objeto, som ou cheiro para focar. Algumas pessoas escolhem um metrônomo, uma imagem agradável ou até mesmo apenas uma estatueta.

O próximo passo é relaxar todo o seu corpo. Você pode fazer isso concentrando-se em cada parte do corpo, tensionando os músculos e depois relaxando-os. Este processo deve demorar apenas alguns minutos, por isso não fique muito preocupado em gastar muito tempo nesta etapa.

Uma vez que seu corpo estiver relaxado e confortável, você voltará seu foco para o objeto que escolheu. Concentre-se nele com todos os seus sentidos, a audição, visão, olfato e assim por diante, simplesmente absorvendo tudo o que o objeto tem a oferecer.

A ideia da meditação concentrada não é pensar no objeto, na imagem, no som ou no olfato, mas experimentá-lo, permitindo-se estar completamente presente no momento.

Você pode descobrir que sua voz interna começa a analisar o objeto ou que você começa a pensar sobre as dificuldades do seu dia ou eventos que ocorreram em sua vida. Quando isso acontece, é importante que você rapidamente, mas com cuidado, redirecione seus pensamentos de volta para o objeto. Tranquilizando e acalmando sua mente.

Se você sente que sua mente está vagando demais ou que não é capaz de se concentrar no objeto, você não deve se sentir como se fosse um fracasso. Você não pode tentar ser um perfeccionista quando estiver meditando. Você não pode se sentir como se tivesse feito algo errado. Parabenize-se por fazer o esforço, lembre-se de que reconhecer sua mente vagando é um grande passo e a partir daí simplesmente trazer seus pensamentos de volta ao objeto em que você escolheu se concentrar.

Isso é tudo o que existe para a meditação focada. Pode parecer muito fácil quando se lê sobre isso, mas a verdade é que, forçando sua mente a se concentrar em um objeto por qualquer período de tempo, pode ser muito difícil como pode ser experimentar o objeto em vez de simplesmente observá-lo.

Capítulo 9- Precauções e dicas de meditação

Existem algumas precauções que você deve tomar se for meditar, e quero começar este Capítulo falando sobre elas. Posteriormente, neste Capítulo, vamos passar por algumas dicas e truques que você pode usar para garantir que você está obtendo o máximo de suas sessões de meditação, e terminaremos o livro falando sobre o que mais é necessário, além da meditação. .

A primeira coisa que quero falar com você é uma precaução que você deve tomar quando estiver usando meditação guiada. Você nunca deve ouvir meditação guiada quando estiver operando qualquer tipo de veículo ou maquinaria. Isto é importante para a sua segurança, bem como a segurança dos outros, porque você pode chegar a um estado meditativo, onde você não estará ciente do que está acontecendo ao seu redor.

Você também deve consultar um médico antes de participar de qualquer meditação se sofrer de epilepsia, se tiver histórico de dependência ou se sofrer de depressão severa.

Também é muito importante que você não esteja participando da meditação com muita frequência porque, embora possa ajudá-lo a se sentir melhor até certo ponto, há também um ponto em que você começará a se sentir como se estivesse quase em um estado de sonho durante todo do tempo. Isso ocorre porque você já alcançou um estado meditativo profundo, mas continua a meditar com demasiada frequência que seu corpo é incapaz de retornar ao normal.

Isso geralmente acontece quando uma pessoa medita três ou mais vezes por dia e geralmente é o resultado de se tornar obcecada ou viciada em meditação.

Quando você está meditando, se o sono acontece, você não deve lutar contra isso, mas permita que seu corpo relaxe e descanse.

Finalmente, você nunca deve se culpar se você perder uma sessão de meditação. Sim, você deve tentar meditar regularmente se quiser receber os maiores benefícios da prática, no entanto, não há motivo para que você se sinta mal sobre quem você é se você perder uma sessão.

Eu quero terminar este Capítulo falando um pouco sobre dicas que você pode usar quando começar a meditar.

A primeira dica que eu quero falar é que você não tem que fechar os olhos enquanto estiver meditando. Espero que isso já seja entendido desde que falamos sobre meditação focada e como você deve se concentrar, olhando para um objeto, mas o fato é que nenhuma das técnicas de meditação deve ser feita com os olhos fechados se você não se sentir confortável fechando os olhos.

Você deve começar simples quando se trata de meditação. É por isso que muitas pessoas começam com meditações guiadas. Em vez de tentar se esforçar para ser um meditador mestre imediatamente, você deve se permitir um tempo para realmente dominar a habilidade. Meditação, assim como qualquer outra habilidade em nossas vidas, leva tempo e prática. Você não será perfeito assim que começar e cometerá erros. Não deixe que eles te derrubem. Em vez disso, escolha uma meditação guiada simples para ajudar você a começar e mantê-lo no caminho certo.

Concentre-se no que funciona melhor para você. Só porque uma pessoa se senta em uma determinada posição enquanto está meditando, isso não significa que é isso que vai funcionar melhor para você. Você tem que ter certeza que você pode tirar o máximo proveito da sua meditação e que você está confortável fazendo isso. Você vê, enquanto muitas pessoas se sentam e ouvem a meditação focada, há aquelas que se tornarão inquietas e simplesmente não poderão fazê-lo. Aqueles que não podem sentar e ouvir meditações focadas, muitas vezes incorporam em suas vidas quando estão no piloto automático, como quando eles estão limpando sua casa ou quando estão se exercitando.

Isso permite que seus corpos se movam, sem que eles tenham que pensar muito no que estão fazendo enquanto se beneficiam da meditação também.

Ao aprender a meditar, você precisa ser gentil consigo mesmo. Você não pode ser duro, forçando-se a olhar para um objeto por 30 minutos, enquanto grita na sua cabeça para se concentrar no objeto em particular. Você não quer causar mais estresse em sua vida porque tem medo de falhar na meditação. Não há falhas quando se trata de meditação. Em vez disso, você precisa se lembrar de que é um processo. Se 15 minutos for muito tempo para você meditar, reduza o tempo para 5 minutos. Se uma técnica não estiver funcionando, tente uma diferente.

Se você se sentar quando estiver meditando, deve sempre garantir que está usando a postura correta. Isso não só tornará mais fácil para você respirar e ajudar a mantê-lo acordado, mas também garantirá que você não se machuque enquanto estiver sentado. Você deve certificar-se de que a posição em que está sentado é confortável para você, mas também quer garantir que fique sentado de uma forma que não cause pressão em outras partes do corpo ou que as machuque.

Sorria enquanto você está meditando ou pelo menos tente. A meditação não deve ser encarada como apenas mais uma tarefa que você precisa fazer. Se isso se tornar o caso, você deve dar uma olhada no motivo pelo qual está meditando. As meditações devem, no entanto, ser algo que seja agradável e destinado a ajudar a reduzir o estresse. Nós mantemos muita tensão em nossos rostos, e isso pode ser liberado simplesmente sorrindo. Não só isso, mas sorrir faz você se sentir melhor em geral.

É importante que você defina um temporizador enquanto medita ou pelo menos saiba a que horas iniciou sua sessão. Se você não acompanhar o tempo que você gasta meditando de alguma forma, você não terá idéia de quanto tempo passou. Outros podem recomendar que você não defina um temporizador, mas simplesmente meditar por mais tempo que se sentir confortável para você, ainda assim, você não quer causar mais estresse em sua vida, ficando atrasado para um compromisso porque você se perdeu em sua meditação. . Claro, se você meditar antes de dormir, não há razão para você definir um temporizador.

Não se force a sentar mais tempo do que você está confortável. Se suas pernas começarem a ficar dormentes ou seus quadris começarem a doer, você não será capaz de se concentrar na meditação, não importa o quanto você tente. Em vez disso, você estará focado na dor que está sentindo. Contanto que você medite todos os dias, você não precisa se preocupar se só puder sentar-se por 10 ou 15 minutos, porque quanto mais você meditar, mais tempo poderá se sentar.

Se você achar que está perdendo o interesse pela meditação, é importante reafirmar suas crenças sobre a meditação e possivelmente tentar uma técnica diferente. Lembre-se, você não quer ficar preso em uma depressão que não está funcionando para você, e você não quer tentar apenas um tipo de meditação porque funcionou para alguém que você conhece.

Depois de terminar uma sessão de meditação, não pule e saia para começar outra coisa. Permita que seu corpo se ajuste à ideia de seguir para a próxima tarefa. Dê uma olhada ao seu redor, permita que seus pensamentos comecem a voltar para você e, quando se sentir pronto, levante-se e siga em frente com o seu dia.

Não desista. Muitas pessoas desistem da meditação antes de verem algum resultado ou depois de tentarem apenas uma técnica. Se você realmente quer praticar meditação todos os dias, você terá que se habituar a isso. Isso significa que haverá momentos em que você terá que lutar consigo mesmo e com tudo, mas se obrigue a meditar.

A boa notícia é que não demorará muito para que a meditação se torne um hábito e você não precise mais se forçar a fazê-lo. No entanto, se você não se forçar nos dias em que você não sente vontade de meditar, isso não se tornará um hábito.

Finalmente, você precisa se lembrar que não pode levar seus pensamentos pessoalmente. Seus pensamentos não definem quem você é. Todos nós temos pensamentos negativos sobre nós mesmos em algum momento ou outro em nossas vidas. No entanto, esses pensamentos não são realmente quem somos, mas como nos sentimos naquele momento. Há momentos em que nos sentiremos fracassados. No entanto, isso não nos torna um fracasso, e temos que nos lembrar disso.

Capítulo 10- Mais que meditação

Existe muita confusão hoje em dia sobre meditação que muitas pessoas chamam de meditação uma solução rápida. Muitos artigos foram escritos falando sobre como a meditação não é boa para uma pessoa, porque a pessoa não se livra do estresse em suas vidas, mas usa a meditação para evitar lidar com o estresse.

Parece que aqueles que nunca praticaram a meditação a veem como uma espécie de droga, uma pílula mágica que supostamente conserta tudo na sua vida, mas isso simplesmente não é verdade.

Você não será capaz de se sentar, respirar fundo e ter todas as suas preocupações e problemas sumindo. Não é disso que trata a meditação. A verdade é que pode demorar um pouco até você começar a notar uma diferença em sua vida e essa é uma das razões pelas quais muitas pessoas param de meditar.

Uma vez que você se aprofunda na meditação e realmente começar a praticá-la regularmente, o que você vai descobrir é que você está mais consciente de seus sentimentos, pensamentos e desejos, não importa quão obscuros sejam. Às vezes, isso pode ser assustador, enquanto outras vezes pode ser bastante agradável.

Meditar não é livrar-se dos estressores em sua vida, mas aprender como lidar com o estresse e entender exatamente quem você é como pessoa. Você também descobrirá que alguns de seus pensamentos mais perspicazes não virão enquanto você medita, mas enquanto estiver concentrado em outras áreas de sua vida. Meditação simplesmente permite que você limpe sua mente para que você possa ter essas idéias.

Eu nomeei este Capítulo mais que meditação porque se você realmente quer ver mudanças em sua vida, você terá que fazer mais do que apenas meditação. Como já afirmei, a meditação não é a droga para todos. No entanto, ela vai ajudá-lo a descobrir quais alterações você precisa fazer e a decidir como fazer essas alterações.

A meditação é simplesmente o primeiro passo para mudar sua vida. Você descobrirá que, quando começar a meditar, ficará mais consciente das coisas que precisam ser mudadas em sua vida, seja a organização, a motivação, a produtividade ou qualquer outro desafio.

Meditação vai ajudar a sua mente a ser clara, o que lhe permitirá pensar sobre as questões que você tem que lidar. Não é uma maneira de escapar de seus estressores, mas aprender como você pode lidar com eles apropriadamente e se livrar deles.

Agora, talvez isso tenha feito você perder toda a esperança em meditação, ou talvez tenha ajudado a perceber que aqueles que não entendem isso não podem julgá-lo. O fato é que não há uma solução rápida, uma pílula do tipo "tamanho único", "viva a vida perfeita", e embora a meditação tenha sido considerada por alguns como essa pílula mágica, não é.

O que eu quero que você entenda é que a meditação é como exercício para a mente e a alma. Ajuda a mente e a alma a serem fortes e saudáveis, o que lhe permitirá lidar com o que vier pelo caminho.

Quando você entende isso, quando você realmente entende o que é meditação, então e somente então você será capaz de entender como você pode se beneficiar com isso, e como isso afetará sua vida.

Parte 2

Introdução

Gostaria de agradecer-lhe e dar-lhe os parabéns por fazer o download deste livro. Ficaria chocado por saber quantas pessoas sofrem de stress e ansiedade crónicos: cerca de 40 milhões de adultos. No entanto, isto é compreensível tendo em conta o mundo actualacelerado em que vivemos e as diferentes coisas que podem surgir subitamente na sua vida tais como: problemas de saúde, relacionais, financeiros, crise económica entre outras. Mesmo que não possa prevenir que algumas destas coisas aconteçam, a boa notícia é que você pode sempre dar alguns passos de forma a garantir que está com excelente saúde mental – é aqui que a meditação entra.

A meditação é uma técnica muito eficaz que pode utilizar para lidar com o stress, com a ansiedade e sentir-se muito melhor. Graças à meditação pode experienciar mais energia, maior foco, melhorar a comunicação entre pessoas, percepção intuitiva e conhecimento,melhor memória, espiritualidade aprimorada, menos preocupações e a habilidade de processar informações mais rapidamente.

Neste pequeno guia irei ajudá-lo a entender alguns princípios básicos da meditação, as diferentes técnicas que pode adoptar para ultrapassar o stress, a ansiedade e medidas a serem tomadas para garantir que obterá os melhores resultados possíveis.

Mais uma vez obrigado por fazer o download do livro. Espero que goste!

A Ligação Entre Stress, Ansiedade, Meditação E O Cérebro

Tanto o stress como a ansiedade provocam reacções de "fuga ou luta". Qual será então a relação entre stress e ansiedade? Dito de uma forma simples, o stress é um estado de apreensão e medo que o colocam em alerta e o preparam para perigos iminentes. Este sentimento refere-se maioritariamente á reacção de "fuga ou luta" e é concebido para o colocar num estado de maior sensibilidade preparando-o para possíveis ameaças. No entanto, caso você permaneça neste estado demasiado tempo, isto pode resultar em diversos problemas psicológicos e físicos.

Superficialmente, é fácil confundir stress e ansiedade devido a efeitos negativos semelhantes. No entanto, enquanto a ansiedade se origina devido a altos níveis de stress, o stress pode ser manifestado em diversas formas e devido a vários factores.

O stress pode fazê-lo sentir-se preocupado, triste, ansioso ou irritado enquanto a ansiedade só se manifesta na forma de medo e terror. Vários factores externos tais como problemas conjugais, crises financeiras e desgaste emocional podem causar stress, enquanto a ansiedade é unicamente uma resposta interna ao stress ou a outras perturbações neurológicas.

Como será que o stress e a ansiedade afectam o cérebro?

Como É Que O Stress E A Ansiedade Afectam O Cérebro?

De acordo com vários estudos neurológicos, o stress e a ansiedade crónicos podem levar a mudanças a longo prazo na estrutura e na função do cérebro.

A massa cinzenta do seu cérebro é conhecida por ser densamente armazenada com células nervosas e largamente responsável por altas funções do seu cérebro tais como recepção de informação, pensamento e tomada de decisão.

Estados de stress e ansiedade crónicos são conhecidos por reduzir a quantidade de massa cinzenta no seu cérebro, o que leva à redução de funções cerebrais verificada em indivíduos com altos níveis de stress.

Verifica-se que o Hipocampo, a parte do cérebro responsável por regular funções cerebrais importantes tais como emoções e memória, reduz de tamanho em estados de stress agudo.

Outra parte sensível do cérebro afectada pelo stress e ansiedade é a amígdala. Estasecção primária do cérebro encontra-se na parte mais profunda do lóbulo temporal. A amígdala é composta por diversas sub-regiões responsáveis por importantes funções cerebrais entre elas a aprendizagem, percepção, regulação de emoções, etc. Segundo alguns estudos, pessoas perante altos estados de stress têm uma amígdala maior e conexões adicionais entre as sinapses. Este aumento do tamanho e das conexões é uma das maiores causas da ansiedade.

Falando de forma simples: quando o stress e a ansiedade não são adequadamente geridospodem levar à distorção de funções cognitivas importantes, padrões de pensamento irregulares, concentração reduzida e muitos outros problemas psicológicosprovocados pela alteração do tamanho e conectividade das áreas do cérebro responsáveis por tais funções cerebrais.

Efeitos Da Meditação No Cérebro
Vários estudos sobre praticantes de meditação mostram que a massa cinzenta encontrada no hipocampo e nas regiões

frontais do cérebro aumenta em pessoas que meditam diariamente. Estas partes do cérebro são responsáveis pelo controle das respostas e regulações emocionais. Portanto isto explica porque adoptar a meditação como forma de combater o stress e a ansiedade ajuda a preocupar-se menos, tornar-se um pensador mais racional e ter maior equilíbrio mental e emocional.

Para além disso, estudos em pessoas que meditam diariamente também demonstram uma redução nas conexões neuronais na amígdala tal como o próprio tamanho da mesma. Isto resulta na redução de sentimentos instintivos que geram situações assustadoras levando assim a problemas de ansiedade menores.

Agora que já vimos como o stress e a ansiedade afectam o seu cérebro e porque é que a meditação é uma boa técnica para lidar com eles, iremos aprender algumas medidas que precisa tomar de formaa meditar eficazmente.

Noções Básicas de Meditação Eficaz

Siga os seguintes passos quando começar a meditação:

1. Escolha um ambiente tranquilo e confortável

Precisa de ficar afastado do máximo de distracções possíveis para tornar a meditação mais eficaz. Um ambiente calmo vai desenvolver a sua concentração, o que o ajudará a entrar mais facilmente num estado profundo de meditação.

Escolha uma local em casa, no trabalho ou outro, onde terá menor probabilidade de experienciar interrupções auditivas ou visuais.

2. Escolha a altura certa

É sempre aconselhável ter um momento específico do dia para meditar para que possa desenvolver o hábito de meditar diariamente. Escolha uma hora na qual não será interrompido por alguns minutos e não hajam quaisquer distracções. A maioria das pessoas prefere meditar de manhã por ser mais calmo e menos movimentado. Isto também lhe dará o estado de espírito certo para o resto do dia. Caso as manhãs não sejam adequadas, escolha outra altura que dê melhor para si.

3. Vista-se adequadamente

Sei que parece estranho mas o que veste pode afectar positiva ou negativamente as suas sessões de meditação. É sempre mais aconselhável vestir roupa larga. Da mesma forma que não deverá estar muito quente de modo a ficar com sono, nem muito frio para que não fique desconfortável.

4. Não esteja muito cheio

Depois de uma refeição, o seu corpo está a fazer a digestão por isso meditar precisamente depois de comer pode não ser a melhor altura. O ideal seria uma ou duas horas depois da refeição. Também não deve ter fome para que possa concentrar-se. A melhor opção nestes casos é fazer um lanche leve e meditar depois.

5. Escolha a postura conveniente

Conseguir uma postura correcta é tão importante quanto meditar se não se manter direito sentirá um desconforto e não se concentrará na meditação.

Encontre abaixo as posturas mais correctas para meditar.

6. Aprenda a concentrar-se na sua respiração

Como iniciante, precisa de aprender a sintonizar as suas sensações corporais. A sua melhor âncora para cada momento é a sua respiração. Por isso, precisa dominar a arte de se focar na sua respiração e familiarizar-se com todos os sentimentos e sensações que a sua respiração provoca enquanto medita para aliviar o stress, combater a ansiedade e sentir-se bem.

7. Experimente técnicas diferentes

Há uma grande diversidade de técnicas para combater o stress e a ansiedade. É importante que saiba qual é a mais adequada para si e concentrar-se nessa. Para saber a que lhe encaixa melhor, deve tentar diferentes métodos e técnicas. Qualquer posição que lhe der o maior alívio de stress e ansiedade deve tornar-se na sua técnica diária favorita de meditação.

O capítulo que se segue irá focar-se em diferentes técnicas de meditação que deve experimentar.

Meditação Mindfulness
Esta é sem dúvida a técnica de meditação mais fácil e popular que é bastante eficaz para se livrar do stress e da ansiedade. Esta técnica é realmente bastante simples. Abaixo encontram-se passos a seguir para praticar meditação mindfulness:
1.A esta altura acredito que já escolheu um lugar calmo e a altura certa para a sua sessão de meditação.
2.Defina qual a duração e conte o tempo com um temporizador. Um cronómetro pode ajudar. Como principiante, pode estabelecer uma duração de 5 a 10 minutos. Com o passar do tempo poderá aumentar a duração até conseguir meditar de 45 a 60 minutos. Pode meditar uma ou duas vezes por dia dependendo da sua agenda.
3.Sente-se confortavelmente: Pode experimentar diferentes posturas sentado para perceber o que o faz sentir-se à

vontade. Pode sentar-se na cama, numa almofada, num tapete de meditação, cadeira, etc. Onde quer que seja, sente-se direito e evite curvar-se para a frente ou para trás. Certifique-se que os seus antebraços ficam paralelos ao seu tronco. Deixe as suas mãos descansar nas suas pernas.

4. Deixe descair um pouco o seu queixo e o seu olhar para a frente. Pode deixar as suas pálpebras baixarem. Pode mesmo fechar os olhos para manter afastadas distracções visuais, mas isto poderá nem ser necessário caso consiga manter os olhos abertos enquanto medita sem se focar naquilo que está a ver.

5. Passe alguns momentos estando presente. Tente relaxar. Coloque toda a sua atenção na respiração e na sensação que ela provoca no seu corpo.

6. Siga a sua respiração e sinta cada ciclo respiratório. A parte mais importante é tomar atenção ao ar que se move entre a sua boca, o nariz, a subida e descida do seu peito e estômago. Escolha uma parte do corpo que a sua respiração afecte como

ponto de foco e as sensações que provoca nessa zona.

7.Aprenda a não envolver-se nos pensamentos que passam na sua mente enquanto medita. É normal que a sua mente vagueie ocasionalmente. O mais importante é reconhecer os pensamentos sem reagir, envolver-se, lutar contra eles ou julgá-los. Sente-se apenas, tome atenção, reconheça o pensamento e volte à sua respiração.

8.Quando o cronómetro terminar, levante o queixo, abra os olhos caso estejam fechados, demore alguns segundos até voltar ao seu ambiente circundante imediato. Repare em quaisquer imagens ou sons à sua volta. Pause por um momento e decida como quer que seja o resto do seu dia.

Isto é tudo em relação à meditação mindful.Quanto mais praticar meditação mindful mais as partes do seu cérebro que foram alteradas pelo stress e a ansiedade ganharão a sua estrutura normal, conectividade e funcionalidade para o ajudar a preocupar-se menos, sentir-se menos stressado e viver mais feliz daí em diante.

Mesmo que praticar meditação mindful em certas alturas do dia seja óptimo, poderá não ser tão eficaz como incorporá-la nas actividades diárias que faz. Vamos agora ver como pode introduzir mindfulness na sua vida:

Banho Mindful
Se já alguma vez se sentiu perdido no momento de cantar no chuveiro, vai certamente apreciar o efeito mágico que isto poderá ter em si.
Á medida que a água escorre sobre a sua pele para lavar sujidade física, pode imaginar todas as suas preocupações e stress serem removidos. Sinta a água a acariciar-lhe a pele. Imagine o stress e a ansiedade da sua mente a evaporarem-se com o vapor da água enquanto a sujidade do seu corpo é lavada. Respire pausadamente e preste atenção à sensação do ar a entrar e sair das suas narinas.

Pode mimar-se um pouco de forma a desenvolver o efeito de calma deste banho mindful usando o seu óleo de banhofavorito. Alguns óleos essenciais como a lavanda são conhecidos por dar um efeito calmante incrível por si próprios. Quando terminar o seu banho, seja grato e leve consigo esta gratidão e minfulness para outras actividades planeadas no seu dia.

Alimentação Mindful
Você é o que come mas, quando se trata da sua saúde e bem-estar, vai muito para além disso. A maneira como prepara o que come e a forma como come têm um papel muito importante. A alimentação mindful melhora o seu bem-estar porque liga os seus 5 sentidos entre si. Aqui está o que fazer para tornar as suas refeições em sessões de meditação:

☐ Antes de comer, concentrese algum tempo para ser grato por ter comida e poder comer.

☐ Aproveite para olhar e apreciar o aroma da sua comida antes de comer e aprecie o seu valor nutricional.

☐ Dê uma dentada, baixe o garfo ou a colher e mastigue o máximo de tempo possível para sentir os sabores percorrerem as papilas gustativas antes de engolir. Pode contar mentalmente o número de vezes que mastiga.

Faça Caminhadas Mindful
De acordo com os resultados dos investigadores, fazer uma caminhada mindful pode ser uma óptima forma de aliviar o stress e a ansiedade. As caminhadas mindfull são ideiais para pessoas que se sentem demasiado stressadas para se envolverem noutros exercícios físicos. Esta é uma excelente opção pois permite-lhe fazer uma pausa do que está a fazer para se lançar numa caminhada por alguns minutos durante o dia o mais frequentemente possível. Já por si uma caminhada vai mantê-lo fisicamente em forma mas quando lhe associa a mindfulness começa a retirar

benefícios maiores tais como uma mente e sistema nervoso calmos, concentração e foco mais aprofundados e o aumento da sensação de bem-estar. Aqui está o que fazer:

☐ Decida onde quer embarcar na sua caminhada mindful diária e por quanto tempo. Um ambiente natural como um jardim ou uma floresta é o ideal.

☐ Pode ouvir a sua música favorita com auscultadores enquanto o faz.

☐ Comece por concentrar-se na respiração como faz em todas as outras técnicas de meditação.

☐ Repare no meio envolvente enquanto caminha. Repare nas flores caso caminhe num jardim, campo ou numa floresta. Sinta os aromas. Aprecie a variedade das belas cores das flores. Se puder toque em algumas e repare nesse toque.

☐ Aprecie o momento e deixe todas as preocupações de casa e do trabalho de lado. Viva o momento presente e sinta a calma e a paz a entrarem no seu coração.

☐ Quando acabar, seja grato pela beleza dos ambientes naturais que o envolvem.

Seja grato pelo ar livre que respira e pela oportunidade de caminhar livremente.

Meditação Metta

Metta quer dizer compaixão e bondade. Também conhecida por Meditação de bondade amorosa, a meditação Metta é uma técnica de meditação contemporânea que busca ajudá-lo a tornar-se mais bondoso para si próprio. Às vezes você fica stressado apenas porque é muito rígido consigo mesmo e naquilo que precisa de fazer. Contudo, se começar por ser mais bondoso e mais pensativo para consigo pode controlar os seus níveis de stress. Outros benefícios deste tipo de meditação inclui o desenvolvimento de emoções positivas, ter uma atitude amorosa, aceitar-se melhor, entre outros.

Para praticar esta técnica de meditação:

1.Entre nesse local confortável que você reservou para a meditação.

2.Sente-se confortavelmente e feche os olhos.

3. Comece por desenvolver compaixão e bondade para si mesmo. Deseje a si mesmo felicidade e coisas boas apenas.

4. Agora concentre-se noutra pessoa, por exemplo um amigo, alguém que considere "neutro", depois numa pessoa difícil e finalmente no universo.

Para além da meditação, o relaxamento é uma óptima técnica para combater o stress e a ansiedade. Aprenderemos mais sobre isto no próximo capítulo.

Técnicas de Relaxamento
Técnicas de relaxamento ajudam-no a redefinir o foco da sua atenção dos problemas e factores de stress que o tornam ansioso para algo calmante, aumentando assim o seu nível de concentração e consciencialização. Esta é uma forma aprimorada de meditação mindful. Aqui estão algumas técnicas de relaxamento que pode praticar para o ajudar a relaxar:

Relaxamento Autogéneo

Por autogéneo consideramos algo que vem de dentro de si. No relaxamento autogéneo utiliza uma combinação de consciencialização do corpo e imaginário visual para combater eficazmente o stress e a ansiedade. Aqui estão alguns passos a tomar:

☐ Repita conselhos ou palavras na sua mente que o ajudem a relaxar e reduzir a tensão que sente nos músculos.

☐ Imagine um cenário tranquilo, foque-se em controlar a sua respiração e abrandar o seu ritmo cardíaco.

☐ Repare nas diferentes sensações físicas nos seus músculos e termine visualizando cada perna e braço um a seguir ao outro.

Relaxamento Muscular Progressivo

Para praticar relaxamento muscular progressivo, foque-se na tensão e relaxamento de cada grupo de músculos do seu corpo. Aqui estão algumas medidas que deve tomar:

☐ Comece por fazer tensão e relaxamento nos músculos dos dedos dos pés, depois progressivamente suba para os pés, depois as pernas, joelhos, braços, pescoço, queixo e cabeça. Pode também optar por iniciar no topo e começar com o seu pescoço e cabeça. Depois vá descendo até aos dedos dos pés.

☐ Mantenha os seus músculos tensos durante 5 segundos e depois descontraia-os por 30 segundos. Pode repetir isto várias vezes apenas para aliviar alguma tensão que possa ainda estar no seu corpo.

Imaginário Visual

Com o imaginário visual ou visualização, imagine serenas e belas imagens mentais de situações e sítios calmos. Aqui estão alguns passos a tomar:

☐ Sente-se num sítio sereno, feche os olhos, desaperte as suas roupas para o caso de estarem muito apertadas e foque-se na sua respiração.

☐ Incorpore o maior número de sentidos possível – visão, olfacto, tato e audição.

☐ Se conseguir imaginar relaxar num sítio como o oceano, pense no som das ondas a subir e a descer, o cheiro e sabor da água salgada e a sensação quente do sol na sua pele desnuda.

☐ Deve sentir-se calmo e pacífico depois de fazer estas técnicas de relaxamento.

Conclusão

Chegámos ao final do livro. Parabéns e obrigado por o ter lido até ao final.

Experimente as várias técnicas de meditação e relaxamento que aprendeu com este livro e escolha a que lhe encaixa melhor. Pratique essa técnica diariamente durante alguns minutos para fazer com que seja absorvida e aproveite os excelentes benefícios que a meditação tem para lhe oferecer.

Muito Obrigado e boa sorte!

www.ingramcontent.com/pod-product-compliance
Lightning Source LLC
Chambersburg PA
CBHW071853070526
44583CB00016B/1665